天空的幸福是穿一身蓝，森林的幸福是披一身绿，
阳光的幸福是绽放笑脸，而我的幸福是认识了你……

★国内★
短信图书
第一品牌

短信王子◎主编

2012新短信

经济日报出版社

图书在版编目（CIP）数据

2012年新短信/短信王子主编．—北京：经济日报出版社，2012.1

ISBN 978-7-80257-377-2

Ⅰ.①2… Ⅱ.①短… Ⅲ.①汉语—熟语—汇编②汉语—格言—汇编 Ⅳ.H136.3

中国版本图书馆CIP数据核字（2011）第238764号

新短信2012

作　　者	短信王子
项 目 人	肖小琴
责任编辑	刘雅溪
责任校对	马崇静　徐建华
出版发行	经济日报出版社
地　　址	北京市宣武区白纸坊东街2号（邮编：100054）
电　　话	010-63513524（编辑部）　63567683（发行部）
网　　址	www.edpbook.com.cn
E-mail	jjrb58@sina.com
经　　销	全国新华书店
印　　刷	北京东海印刷有限公司
开　　本	787×1092毫米　1/32
印　　张	10.25
字　　数	200千字
版　　次	2012年1月第一版
印　　次	2012年3月第2次印刷
书　　号	ISBN 978-7-80257-377-2
定　　价	20.00元

前 言

兔去龙来，编辑出版短信图书，对于我们来说又是新的一载。

表面上看，短信的流行在于高科技为其提供了价格低廉、速度快捷的交流平台，但我们更多地以为，当前短信早已超越了技术功能层面，其简短精练的语言形式不仅能传递出丰富的社会内容，表达出深刻的人生哲理，而且极具亲和力的文学表现方式，在一定程度上也激活了民间的参与热情。

短信内容的更新是时代不断发展和生活不断进步的必然要求，作为高科技和文化结合的典范，短信在真正成为一种时尚文化的同时也赋予了自己一种不断创新发展的动力。

在传播导向上，《新短信2012》坚持生动活泼健康向上的风格和精神。由于短信过于生活化和个性化，精华糟粕共存，对此我们歌颂人类美好的祝愿，赞美纯真的爱情，崇尚幽默与智慧，坚决摒弃糟粕，取其精华。

在编排逻辑上，《新短信2012》坚持以生活实用为原则。将全书分为爱情版、节日版、交际版、贺喜版和娱乐版五部分，需要说明的是这种分类只是相对的，读者在具体引用时可以前后互动。例如节日版中的关于“情人节”的内容就可以链接到爱情版中，反之亦然；同理，愚人节的资讯也可在娱乐版中查询。

在语言风格上，《新短信 2012》坚持轻松幽默，同时兼顾智慧和文采。虽然短信比较时尚，但只要我们认真分析便不难发现，其中一些是与我国古老的传统文化一脉相承的，而且有些句子本身就是古代名诗中的经典名句改编，有些句子则是优秀歌词的再造。因此有理由相信，我们在创造引领时尚的同时，更能弘扬传统文化。

在内容选材上，《新短信 2012》与时俱进，增加了很多新短信。刚刚过去的 2011 年很不平凡，从微博的火爆到“苹果”的传奇，从“7·23”甬温线特大铁路交通事故的救援到天宫一号成功发射，从欧洲债务危机到利比亚变局……回首辛亥革命 100 年来的历程，展望新的一年，我们对人生和社会有了更多的记录和思考，我们的短信也因此更加鲜活更加丰富。

本书由短信王子主编，参加编写的人员有夏家新、杨莉、杨忠阳、杨晓、杨娜、杨星、朱华、向玲、蔡俊、李梨、李姗、李艳、周明、周健、晨光、建超、安民、黄维等。由于时间和人员有限，书中难免有错误和遗漏，敬请读者批评指正。

新短信年度系列图书编写组

2012 年 1 月 1 日

目 录

定能万事吉祥，烦恼忧愁走他乡，幸福好运伴身旁。

♥元宵节（农历正月十五） *67*

今宵月圆白如昼，千年轮回人依旧，月增年华人增寿，岁月过后看春秋，满腹真情话别后，月圆之夜话语稠，此时莲灯观不够，来世对月消新愁。

♥情人节（二月十四日） *75*

一朵玫瑰，两心相印，三盏红烛，四目明媚，五份好礼，六番追忆，七月真情，八方温馨，九九情缘，十分眷恋。情人节里，愿你和相爱的人，相爱永远。

♥妇女节（三月八日） *87*

送你一束花，感谢你操劳这个家；给你做桌菜，谢谢你给我的爱；给你煲锅汤，祝你永远都健康；晚上再喝点红酒，咱俩相爱到永久。祝三八节快乐！

♥愚人节（四月一日） *96*

工作轻松不累，收入振翅高飞，情人预约排队，天天精力百倍，快乐如影相随，烦恼全部作废，为啥生活这样美？白日做梦别浪费！愚人节快乐！

♥清明节（四月五日） *103*

你悲伤，或者流泪，已发生的不会改变；你努力，或者奋斗，时光前进不会倒退；你失意，或者欢笑，生活依旧在继续。清明节，忘记过去，迎接新未来！

♥劳动节（五月一日） *108*

勤劳致富比较难，汗水摔成八个瓣，奔波劳累没有完，收获时节笑开颜，发财不能良心坏，有钱无德品质差，半夜最怕鬼敲门。祝五一劳动节快乐！

♥青年节（五月四日） *117*

青春是五月的花海，开篇就是美丽的章节；青春是五月的细雨，滋润着万物的心田；青春是五月的你我，奋斗总是

玩得舒心，朋友贴心，遇事耐心，做事细心，交友留心，待人诚心，对家人关心，最重要的是开心！

菊花台，香满怀，思念排成排；雁南归，茱萸飞，友情堆成堆；重阳节，遥望月，祝福白如雪：好运不绝，成功不缺，幸福快乐永不歇。

女友几时有，把酒问Q友，不知Q里姑娘，可有男朋友；我欲离Q而去，又恐进Q不易，夜难眠，不应有醉，何时才能把梦圆？女有黑白美丑，男有高矮肥瘦，此事古难全，但愿Q长久，光棍不再有。

人生重要的三件事：用宽容的心对待世界，对待生活；用快乐的心创造世界，改变生活；用感恩的心感受世界，感受生活。祝感恩节快乐！

想你想的快完了，半夜眼睛都蓝了，买东西都忘给钱了，猪肉炖粉条都不馋了，1+1=3都觉得难了，赵本山都看成孙楠了，再不祝福你，圣诞都要过完了。

交际版

蜗居虽小，温馨就好。蚁族虽苦，有梦就好。物价虽高，节省就好。心事虽多，看开就好。挣钱虽少，平安就好。放下思虑，生日快乐！

上QQ，你隐身。开群聊，你潜水。打电话，你占线。发电邮，你掉线。按门铃，无人应。发短信：小东西，天凉了，

告辞道别 *249*

一朵花采了许久，枯萎也舍不得丢；一把伞撑了很久，雨停也想不起收；一条路走了很久，天黑也走不到头；一句话等了好久：朋友走好！

贺喜版

财源亨通 *255*

一斤花生二斤枣，好运经常跟你跑；三斤苹果四斤梨，吉祥和你不分离，五斤桔子六斤蕉，财源滚进你腰包。

职场荣升 *260*

上班越来越早，睡觉越来越少；工作越来越难，人也越来越老；终于被人看好，升职加薪来到；从此腰包饱饱，兄弟多多关照，祝你越升越高！

新婚大喜 *262*

美丽的新娘好比玫瑰红酒，新郎就是那酒杯。恭喜你！酒与杯从此形影不离！祝福你！酒与杯恩恩爱爱！

开业大吉 *265*

这年头流行喝个晚茶，看个晚会，结个晚婚，道个晚安，但对你的祝贺不能晚，晚了就抓不住机会了，祝你开业大吉！

乔迁之喜 *267*

生活精彩常常有，换个地方喝小酒，不同风景都来瞅，乔迁大喜热闹守，平安幸福紧紧搂，送完祝福不想走。祝乔迁大喜！

喜得贵子 *270*

花香浮动，月华如水，庆添嗣之喜！馨香传来麟儿啼声，积善之家有福，岁岁年年！

娱乐版

没砸到你吧？阿龙：没。妈妈放心：叫你爸把梯子扶正就是了。阿龙：爸爸在梯子上……

☞笑傲江湖 *309*

公园里，小明跑到坐在椅子上的老妇前：您的牙还行吗？老妇：唉，都掉光了。小明兴奋地拿出一包核桃：那请您替我拿一下，我去玩一会球……

爱情

追求篇

♥爱是双向选择，为爱我永不跳槽；情是独播剧场，你是我永远的主角；恋是独家代理，我是你版权所有；家是自然合伙，加盟就不能退出。请谨慎经营爱情！

♥爱是一种感受，痛苦也觉得幸福；爱是一种体会，心碎也觉得甜蜜；爱是一种经历，破碎也觉得美丽。你就是那个让我幸福、甜蜜、美丽的人！

♥爱，是一壶美酒，一饮就醉了；思念，是汹涌澎湃的大海，轻易就淹没了我；你，是一朵娇艳的花，在我心中早已悄然开放！

♥爱情，就像两只在冬天里互相取暖的刺猬，靠得太近了就会刺伤对方；靠的太远了又会感到寂寞和寒冷。把你的爱嵌在泪里，想象，千年之后变成琥珀，佩于胸前。我不敢低头，怕那滴泪坠落，碎了你，碎了我千年的梦。

♥爱你一万年，夸张；爱你五千年，无望；爱你一千年，荒唐；爱你一百年，太长。只要我身体健康，爱你七十年是我的强项。

♥不管是晴天、阴天、雨天，能见到你的一天，就是晴朗的一天；不管是昨天、今天、明天，能和你在一起的一天，就是美好的一天。

♥不知道为你配什么样的弦才算顺心，不知道为你弹何种节奏才算合意，无论什么样的和弦与节奏，都弹不出我的心。

♥鄙人提醒：沉鱼落雁闭月羞花，人见人爱花见花开，一笑倾国二笑倾城，三笑倾心美貌无双，心地善良可爱致极，晕倒一片的你，记得要快乐啊！

♥春水四泽是你的爱恋，夏云绕峰是你的缠绵，秋月扬辉是你的温柔，冬梅喜雪是你的情缘。让苍天笑我痴，任明月笑我狂，一腔思念能够断肠！

♥从前我脸皮很薄，爱使我变得无耻，你是我走不过去的迷魂阵；面对着你我不堪一击，卸去伪装举起双手，从俘虏走向奴隶。

♥当白云飘过，那是我想你的痕迹；当微风轻轻吹过，那是我想你的温柔；当雨水落下，那是我想你的证据；当阳光灿烂，那是我爱的表白。

♥当你看到这条短信息时，你已经中了猛烈无比的爱毒，唯一的解药就是嫁给我，不用考虑了，咱们结婚吧！

♥恋爱是道菜：将情感放入缘分锅，淋上快乐油、撒把开心糖、倒瓶心酸醋、加入苦涩盐和五彩椒，燃烧岁月去煎熬，熬出百般滋味时，这道菜就能上碟了。

♥电话打得我气喘，短信按到手都软，三天两头给你涮，陪你逛街到腿短，犯贱献媚图个啥？后半辈子你接管。

♥冬天到雪花飘，一飘一飘像飞刀，左一刀右一刀，还好我的武功高，窜窜跳跳，没有一刀中目标……为了你，我愿变成雪花膏！

♥偶尔遇见你，我就茶饭不思，人比黄花还瘦；自从认识你，我就白日做梦，天天想入非非；开始爱上你，我就命中注定是劫数难逃。但是我愿意一辈子都被你套牢！

♥风雨无情人有情，对你思念没有停；虽然不是常见面，一样会把你想念；发个信息同你聊，架起一座思念桥。祝你天天快乐！

♥给小草以轻柔细语的，是春风；给鸟儿以清脆啼声的，是树林；给我以唱不完的歌的，是你那真挚的友情。祝你周末快乐，天天开心！

♥孤寂的天空，任肆意的雨点飘落，空荡的蓝色，掩藏忧郁的世界。因为爱你，所以可以看你向更幸福的地方飞去。

♥告诉你追女经典：要用知识武装头脑，把游戏抛到九霄云外，工作出色人人爱，用真诚守候耐心以待，从此告别单身，卿卿我我比蜜甜，一生都不再孤单！

♥飞鸟因为天空而寂寞，夜晚因为萤火而沉默，波涛因为流水而漂泊，时间因为漫长而蹉跎，爱情因为对方而忘了自我。所以嫁给我吧，我需要你永远来陪我。

♥好想牵你的手，去看晨曦带露的玫瑰；好想牵你的手，去看夜晚瞬间的流星雨；好想牵你的手，走过四季春秋！我愿与你比翼双双飞，身影步步随！

♥寂寞的时候想想我，想我的时候来看我，看我的时候拎水果，桔子香蕉和苹果。桔子代表你疼我，香蕉代表你想我，苹果代表你爱我，切记切记别忘了我！

♥遇见你纯属天意，爱上你一心一意，苦恋你从无悔意，得到你才会满意！抚摸着你脸上和额头上增加的皱纹，我只想对你说：“不要老得这么快，等等我，我要我们一起慢慢变老。”

♥看天边的月牙，皎洁无涯；听岁月的吟唱，刹那芳华；读爱情的诗篇，满页如花；许庄重的誓言，共创新家。亲爱的，请嫁给我，牵我的手一起回家。

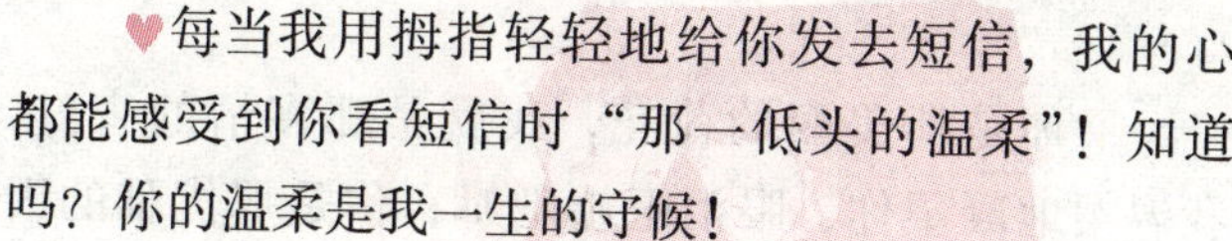

♥每当我用拇指轻轻地给你发去短信，我的心都能感受到你看短信时“那一低头的温柔”！知道吗？你的温柔是我一生的守候！

♥每天送你 9999 朵玫瑰我不嫌贵，每天发你 9999 条短信我不嫌累，再有个来世我还要与你相会，再说 9999 句我爱你，不怕不叫你心醉！

♥那一夜，我听了一夜梵唱，不为参悟，只为寻找你的一丝气息；那一月，我转动所有经筒，不为超度，只为触摸你的指纹；那一年，我磕长头拥抱尘埃，不为朝佛，只为贴着你的温暖。

♥你是我独家的记忆，你是我诗篇的绝句，你是我想要的甜蜜，你是我享受的脾气，你是我情人节唯一想要的奇迹，你是我生命终点的珍贵回忆。

♥你不知道，其实你笑得就像哈根达斯一样甜，使我常常傻子般凝视你。黑黑的我和白白的你在一起，就像牛奶加上巧克力一样般配，我们是天生的一对！

♥你若是一枚青叶，我就是你叶间簌簌而去的清风；你若是一江逝水，我就是那结着愁怨的水月；你若是江南采莲的女子，我必是你皓腕下最美丽的一朵！

♥你是那美丽的荷花，我就是那多情的青蛙，我温柔地凝望你，眼泪吧哒吧哒；你是那优雅的天鹅，我就是那热烈的癞蛤蟆，小夜曲唱了整夜呱呱呱呱……

♥你是树，我是藤，我绕你；你是灯，我是油，我耗你；你是饼，我是锅，我烙你；你是茶，我是水，我泡你。

♥你的幸福，我来付出，你的糊涂，我来弥补，你的要求，我来满足，你的任性，我来让步，谁最爱你，非我莫属！

♥你的身影令我着迷，你的视线让我沉醉，心中盼望着与你牵手，享受有你的甜蜜。任凭时光流转，不变的是对你的深情。亲爱的，嫁给我，让我们一直走下去。

♥你说我们的路走得太凄凉，你说我们在一起的希望太渺茫。也许爱本身就是一种没有理由的东西，只是很想告诉你，无论何时只要你回头，我的爱会永远伴你左右。

♥碰到你之前，世界是一片荒原，碰到你之后，世界是一个乐园，过去的很多岁月，对我像一缕轻烟，未来的无穷糊口生计，因你幸福无边。

♥千年的轮回注定我们今生的相遇，百年的修行成就我们今生的缘分，今生我愿与你相伴，来世我愿与你相知，我向爱神维纳斯祈祷我们永生永世永不分离。

♥亲手为你做一朵玫瑰花：浪漫浇灌的花瓣包裹着真心做成的花蕊，用甜蜜塑造成它优雅的枝叶，用幸福的斗嘴做成小小的玫瑰刺。

♥气你，逗你，只因喜欢你；学你，跟你，只因爱上你；疼你，顺你，只因想追你；想你，爱你，只想亲亲你；疼你，懂你，只想问问你，可否一生与我在一起？

♥让我做你的洗衣机——省电；让我做你的银

行卡——省钱；让我做你的厨师——省劲；让我做你的爱人——省心。

♥如果能拥有你这颗星星，我愿放弃整个天空。如果能拥有你这颗贝壳，我愿放弃整个海洋。对你没有虚伪华丽的语言，只有一颗真诚永久的心！

♥如果秋天过去，我在雪中爱你！如果世界消失，我在天堂爱你！如果你走了，我在泪水中爱你！如果我走了，我在远方爱你！

♥如果我是太阳，我会永远沐浴你；如果我是上帝，我会派天使保护你。可我什么也不是，所以我只会用心来爱你！

♥如果有一万个人从我的身边走过，我也可以听出你的脚步声。因为有 9999 个人是踏在地上，只有你是踏在我的心上。

♥如果有一天，你走得太倦，只要一转身，我就在你身边！不管离多远，不管多少年！愿我的祝福化为繁星点点，闪在你生命的每一天！

♥如果这个世界都近视了，我愿站在高处，握住你的手，告诉你我的感受；如果这个世界的耳朵都被堵了，我愿变成风，掠过你的耳底，亲口说：我爱你！

♥若我是黄土，那么长出的青草是为你而绿，开出的黄花是为你而香；若我是清泉，那么畅游的鱼儿是为你而舞，潺潺的泉响是为你而唱。

♥时间是链子，快乐是珠子，用链子串上珠子挂在胸前就可以快乐一辈子；幸福是石子，烦恼是沙子，用筛子漏掉沙子幸福就会陪你一辈子！

♥送你一座海岛，在你失意时停靠；送你一个港湾，在你疲倦时躲浪；送你一对翅膀，在你安逸时飞翔；送你一份快乐，在你伤怀时一笑！

♥谁分享谁的月光，谁抹去谁的忧伤，谁收伏谁的轻狂，谁把谁放心上？星星分享午夜月光，午夜抹去心灵忧伤，岁月收伏年少轻狂，我把你放心上！

♥桃花开在三月里，我的最爱就是你，千辛万苦去找你，只有一句我爱你，日日夜夜好想你，快快来到我梦里。

♥听到你的音，动了我的心；见到你的人，掉了我的魂；转身不见人，浑身都在疼；随时都在想，成为你的人。

♥突然发现感觉和文字之间拥有着隔阂；突然

发现“我爱你”无法真的阐述我的感动；突然发现只想亲手为你系上那细细的鞋带，不再让你轻易跌倒。

♥天空的幸福，是穿一身蓝；森林的幸福，是披一身绿；阳光的幸福如钻石般耀眼；而我的幸福，是因为认识了你。

♥为什么新闻联播上没有报道，《光明日报》也没有爆料，就连平日里爱造谣的狗仔队也消失了喧闹，我爱上你了，这么大的事都没人知道，还要靠我自己花一毛钱做广告。

♥温柔风，浪漫行，真心为你跳不停；爱情梦，幸福景，一生追求我使命；相思语，痴心情，炙热之心可融冰；今生缘，来约定，不想飘摇似浮萍！真爱请你来鉴定！

♥我愿做一条鱼，任你红烧、白煮、清蒸，然后躺在你温柔的胃里。

♥我的剑为你挥，斩尽红尘伤悲，我愿流尽天下泪；我的酒为你醉，痛饮千杯万杯，为真情放纵一回；我的马为你追，踏遍千山万水，要把你的梦找回。

♥我多么爱你，你爱理不理；我对你放电，你装没看见；我准备跳楼，你才肯回头；你回心转意，我刚好落地！

♥我是今生的水，你是前世的茶，用今生的水来泡一杯前世的茶，透明的瓷杯里，沉淀的是前世的情，沸腾的是今生的爱，这味道就叫做：缘份。

♥我真想把你握在掌心，又怕你悄悄融化，所以我就将你放在我心中，即使你融化了，还是在我心里！

♥我想和你去约会：林间小道悠闲散步，放松身体自在悠闲；沏杯清茶享受甜蜜，温馨如意渐入心脾；斜看夕阳黄昏落幕，美景怡人难以忘怀；看看大海听听浪声，甩掉烦恼拥抱吉祥。

♥我夜观星象，发现异常，在你星座周围，竟笼罩着一圈万年难得一见的幸运光，怎么回事呢？我算了又算，哇噻！原来是我爱上你了！

♥我怀揣无人驾驶的青春，在岁月的长河里飘流。红尘的寂寞，也曾让我驻足；驿动的心，也曾满怀失落；与你擦肩而过的刹那，我似乎明白，生命与爱的真谛。

♥习惯将手机调到振动位置，放在贴身的衣袋，从此以后，每当你呼唤我的时候，我会第一时间知道，我们的心，一起跳动。

♥想着你灵活的双手不停挥舞，想着你曼妙的身姿不停游走，想着你诱人的香气，我彻夜难眠！亲爱的老婆，我好想吃你做的红烧肉！

♥携着夕阳所有的恋情，步入你风姿绰约的身影。在你的怀抱里，月儿也香、琴声也亮、海浪也多情。

♥心儿很大，有你的心才不空白；梦想很多，有你的梦才不无奈；旅途很长，有你陪伴不再遥远；生活很烦，有你同行不会孤单。亲爱的，我们一起过吧！

♥一分钟可以认识一个人，一小时可以喜欢一个人，一天可以爱上一个人，但一辈子也忘不掉一个人，我这一生只为了等你！

♥一个人失眠全世界失眠，幸福的失眠那是因为害怕闭上眼。如何想你想到六点？如何爱你爱到终点？

♥一见钟情爱上你，二话不说抱住你，三天两头来找你，四下无人亲亲你，五天之内娶到你，六十年内不分离！

♥一来二去认识你，三番五次要追你，七上八下忘不了你，十全十美我爱你，百分之百娶定你。

♥一天不见想看你，两眼发直没力气，三次拿起手机，四肢冰凉汗滴，五脏六腑在叹气，七嘴八舌怪自己，久而久之有主意，十点我等你。

♥有你的短信阳光普照，没有你的短信阴雨绵绵；发了等不到你的短信大雨瓢泼，收到你的短信就算鹅毛大雪天也会转晴！亲爱的我在想你，你想我么？

♥有一片天涯叫咫尺，有一亩桑田叫沧海，有一束爱情叫至死不渝，有一股思念叫刻骨铭心。我愿在你的天涯里，守护桑田散播思念的果实，期待爱情玫瑰的开花。

♥有你开心省心，对你真心痴心，为你担心痛心，也曾伤心碎心，不敢变心花心，不要多心疑心，早已对你动心！

♥有一条路走过了总会想起，有一种感觉懂得了再难忘记，有一种距离总是让人难以企及，有一个人让我永远不愿意舍弃——那就是你，因为我爱你！

♥遇到你之前，世界是荒原；遇到你之后，世界是乐园。过去的岁月，像一缕轻烟，未来的无限生涯，因你而幸福无边。

♥遇见你是惊叹号，爱你当然就是问号，不知道你愿不愿意全是顿号，时间一点点画的全是逗号，能不能给我一个句号，好想等你一个拥抱。

♥这个世界挺无奈，我是剩女我可爱；有身材有脸蛋，男人不敢把我爱；能主里能主外，纵横职场挣外快；爱生活爱浪漫，外表冷漠心带电。爱我，请勇敢来犯！

♥扎一束曙光，用第一颗露珠的蒸汽作缚，点缀初次绽放的那颗花苞，让第一只早起的鸟儿，在新的一年的第一天，成为你第一眼看见的美好的开始。

♥这辈子最疯狂的事，就是爱上了你，最大的希望，就是有你陪我疯一辈子。

♥正是因为爱才悄悄地躲开，躲开的是身影，躲不开的是默默的情怀；今天我终于鼓起勇气，向你表达我的爱。

♥最危险的武器，是你的微笑。最漫长的等待，是你的回眸。最美丽的风景，是你的容颜。最真实的未来，是你的陪伴。最完全的付出，是我的坚守。真的爱你。

♥只为你存在，有你才有爱，想你让人难入梦，要如何你才能够明白？你是我动力，过去到未来，望眼欲穿盼春来，何时你才能把脚步迈？

♥走着走着，就散了，回忆都淡了；忙着忙着，就累了，天空也暗了；睡着睡着，就醒了，开始忧愁了；睁眼发现，你不见了，突然我乱了，原来，我想你了。

婚姻篇

♥爱你一万年，夸张！爱你五千年，无望！爱你一千年，荒唐！爱你一百年，太长！接连爱你70年，只要我身体健康，这是我的强项。

♥爱缠绵，心缠绵，与汝愿缠绵；爱了然，心了然，与汝难了然；今生虽已共白首，来世再续今生缘！

♥爱的雪花，染白了头发；情的四季，揉皱了面颊。与你一起互依互靠，为彼此的一切操心操劳。

♥爱情就像一盆面，你得揉啊；生活就是一张饼，既好看又要好吃；婚姻那是一锅粥，你得慢慢熬啊；老婆呢，就是一盆咸菜，没有不行，多了你又受不了啊！

♥爱情套餐收费标准：早餐 330 想想你；午饭 380 想抱你；晚餐 370 想亲你；宵夜 1314520 一生一世我爱你。

♥爱是三国，总有纷争；爱是西游，历经磨砺，方得真经；爱是红楼，琢磨不透；爱是水浒，曾经轰烈，终归平静；爱是未知数，坚守得到真情。愿我们幸福！

♥爱是正负电源，碰出火花四溅；爱是誓言，把一生一世戴在指尖；爱是星光，你寂寞时，满天都是注视你的眼。玫瑰情人节，愿真心换来真爱，牵手到永远。

♥不懂爱，请走开；怕伤害，别过来；受过伤，爬起来；遇到爱，再追来；恋爱时，心放开；小心眼，不自在；对感情，要实在；路边花，不要采；不欺骗，不怨埋；不爱时，手松开；分手时，笑口开。寻真爱，别期待；有真心，爱青睐；祝福你，爱开怀！

♥不想让你心慌，不想让你生气，不想看见你憔悴的面庞；不想让你忧伤，不想让你太忙，不想看见你疲惫的眼神；老婆我爱你，你就是我的心肝宝贝！

♥赤橙红绿四季花，你是我心中最美的花，温柔是你的花蕊，笑容是因爱的栽培，我会永远把你放在心扉，风雨阳光都好好守卫，一生为你无怨无悔！

♥吃一口苹果，一生平安；望一眼明月，合家团圆；喝一杯热水，温暖心田；回一个信息，倾听爱恋；爱你之心，苍天可见；请你体验，爱你永远！

♥春季到来爱意萌，花红柳绿人面红；夏季到来雨绸缪，荷飘千里心相同；秋季到来恋无穷，红叶漫天映面容；冬季到来情意浓，相拥取暖幸福丛。

♥春去春来桃花开，念去念归你终来。再苦再难共缅怀，同风共雨福门开。相牵相伴走余生，头白脸褶赤红心。有誓无誓心永恒，誓尽誓余誓爱你！

♥当爱走过冬，宁静而洁白；当爱走过春，绚丽而清新；当爱走过夏，火辣而热烈；当爱走过秋，成熟而静美。爱从四季走过，爱意在变，爱你不变。

♥董永七妹天仙配，牛郎织女鹊桥会，梁祝化蝶双双飞，白蛇许仙终不悔，我愿仿效诸前辈，与你生死相依偎。不分贱贵和错对，生共五味死同碑！

♥风起的时候云很逍遥，雨滴的时候溪水欢笑，雪飘的时候红梅含苞，花开的时候蜂蝶围绕，想你的时候喜上眉梢。想你并不苦恼，爱你幸福笼罩！

♥风是透明的，雨是缠绵的，水是温暖的，云是洁白的，星是神秘的，海是辽阔的，地是无边的，爱是永恒的，你是最宝贝的。我爱你，一辈子不离不弃！

♥固守爱情的阵地，执着最初的约定；过往的生命虽数不尽，但唯有与你心心相印；无论阳光风雨怎样的境地，只愿与你牵手共创人生的奇迹！

♥花开花谢是时间的声音，缘聚缘散是宿命的安排，是你燃起我生命的爱恋，用温柔堆砌真情的火焰，我愿用一生来解读你、爱护你，跟随你无论咫尺与天边！

♥红尘滚滚路漫漫，爱你切切意拳拳。青山盈盈水潺潺，岁月迢迢语姗姗。明月皎皎心千千，思念满满夜阑阑。执手默默，真情灿灿。我与你，永相伴。

♥今生有缘共相聚，恩爱缱绻两不疑。操持家务不容易，我要真心感谢你。细碎日子你撑起，温柔呵护无可替。思念你，心语寄：爱你情不变，愿你更美丽。

♥开一付爱情灵药：真心一片，温柔二钱，尊重三分，体贴四味，谅解五两。以健康为药引，以似水柔情送服之，剂量不限，多多益善。长期服用可白头偕老。

♥情丝涌，风月随，芳菲情缘绕华年；相思醉，梦相随，甜蜜爱恋沁心扉；琴瑟脆，清音随，煮酒光阴转流年；思君影，芳心碎，浓情软语誓缱绻！

♥恋爱了，才知道爱情的美妙；想你了，才知道惦念的滋味；有了你，才知道生活的多姿；所以我希望能时刻与你牵手，直到天荒地老，海枯石烂！

♥老公老公我爱你，就像老农种大米，小心翼翼伺候你，等你慢慢变大米，爱你想你吃掉你，我再开始种大米。

♥老婆老婆你是天，我是太阳挂里边；老婆老婆你是水，我是鱼儿游得欢；老婆老婆你是土，我是金子里面埋；老婆老婆我最爱，你不生气最好看！老婆我爱你！

♥裸婚自古盛行，司马相如凤求凰，卓文君嫁了；张生弹琴诉衷肠，崔莺莺嫁了；牛郎抢衣求婚情，织女也嫁了。今天，我真心一颗，爱意万千，你也嫁了吧！

♥两个人，能走到一起，是缘分；能共走一生，是福分；能一生忠诚，是本分；能白发牵手，是情分。亲爱的，愿你我的缘分变成福分，坚守的本分充满情分。

♥柳梢头，黄昏后，浪漫相约小村口。问世间，情何物，未见伊人愁上愁。移星座，转北斗，有情有义天地久。情无尽，爱不够，抱定痴爱永相守。

♥明月光照有心人，为你欢笑为你疼；韶华倾诉姻缘痕，夏雨秋风鸳鸯尘；芙蓉红颜绕指柔，红烛枕入幸福城；青丝翻转千丈灯，铁马冰河无归程。

♥你是风儿我是沙，你端杯儿我倒茶，你打盹儿我铺床，你生孩儿我看娃。

♥你要再不短信“骚扰”我，我就在经济上封锁你，政治上孤立你，精神上折磨你，肉体上摧残你，生活中遗弃你——可我想了又想，还是舍不得你！

♥你知道天字怎么写吧？拆开就是二和人。我的世界只能容纳你，有你在身边才会撑起一片天，你要是离开了，我的天就塌了。

♥你的微笑像春风，扫去我的千般忧；你的柔情像水流，洗去我的万种愁；天上下雨地下流，同甘共苦才幸福；如今房子太贵买不起，请问裸婚行不行？

♥你是头上天，我是天上云，天包容云，云留恋天，没你我无法飞翔；你是迷人夜，我是夜中星，夜衬托星，星点缀夜，没你我无法发光。爱你永远。

♥你要是茶叶，我用开水泡着；你要是花儿，我用阳光照着；你要是白云，我用清风托着；你要是风筝，我用丝线牵着；你是我的最爱，所以我用心装着！

♥没有你，天空不蓝；没有你，月儿不圆；没有你，星星不亮；没有你，花园不美；没有你，泉水不甜；没有你，度日如年。亲爱的，你快点回到我的身边吧！

♥恋一个美丽善良的你，说一席永不离弃的话，走一生风雨携手的路，护一颗纯真柔弱的心，守一段天长地久的情，开一朵地老天荒的花！

♥清风是难了的情，月光是缠绵的曲，牵一丝情怀结一世良缘，弹一曲柔肠诉一生爱恋。天公做媒，松柏为证，希望你我如同小鸟，比翼双欢，爱到永远！

♥亲爱的老婆，你让我朝东我不敢朝西，你让我爬凳我不敢爬梯；你让吃干我不敢喝稀，你让我擦汗我绝不敢擦鼻涕！

♥秋来了，思念如秋叶，慢慢变红了；秋风来了，撩起了秋思，在空中飘摇；秋雨来了，风雨仍无阻，爱你直到老；秋阳最柔和，似想你一般美妙！你想我了吗？

♥钱虽不多，自己挣的，所以珍惜；业虽不大，自己创的，所以自豪；屋虽简陋，自己买的，所以留恋；妻虽丑陋，自己找的，所以疼爱。岁月流逝，爱妻依旧。

♥人间四月天，春意处处现；柳絮拂面散，清波同心圆；爱人天天见，幸福在眼前；人间四月天，暖意满心间；桃花处处开，甜蜜时时现；有你身边伴，人生无所求。

♥如果鱼儿离开水能游动，如果草儿离开泥土能成长，如果花儿离开阳光能开放，如果云儿离开天空能行走，如果人儿离开空气能生活，那么我离开你才不会死去！

♥岁月在变迁，爱情在蔓延，思念把手牵，记忆在伸展，回忆往日欢颜，陶醉幸福蜜甜，短信问候陪身边，悄悄话语在耳边，爱你不变一万年。

♥三十年后如果世间还有“坚持”，那一定属于我；三十年后如果世间还有“感动”，我希望它属于你；三十年后如果世上还有“幸福”，我希望它属于你和我！

♥傻是我的特长，痴是我的理想，当傻和痴交织在一起的时候，便是我梦境里最美的天堂！别笑我，我就这么痴心，我会傻傻地爱你痴痴地恋你，一直到老！

♥世界很大，眼里都是你；世界很小，眼里只有你；世界很妙，让我认识你；世界很糟，没让我拥抱你；世界很精彩，天天看到你；世界很无奈，日日苦念你！

♥手握相思笔，独坐相思椅，望着相思的月，想着相思的你；潇洒的你在哪里，寂寞的我在想你；风在刮，雨在滴，记着我在想着你！

♥岁月就像一个“神偷”，偷走了靓丽的容颜，偷走了激情的青春，偷走了久违的浪漫，偷走了初恋的甜蜜，偷走了懵懂的憧憬，偷走了一切的一切除了咱俩的爱！

♥太阳是你的笑颜，月亮是你的眉弯，空气中弥漫着你的味道，时间里沉浸思念。自从认识你，生活已完全改变，甜蜜爱情是唯一的唯一。

♥我的老天爷，对我太宠爱，给我这辈子的最爱，在我最期待的花开，春天的温暖，爱人的温柔，五月的明媚，一起开来，迎着快乐列车，我们一并开往幸福的未来。

♥我用阳光给埃菲尔铁塔照一张相片，我用温柔给洛杉矶写一份情书，不知道斐济和汤加的完美时差，是否为想念把笑容留下，在最浪漫的时刻，说一句最真心的话，我爱你。

♥我有缺点，但是我会用优点来待你；我钱不多，但是我会努力去挣钱来养你；爱情的幸福不在别人的眼里，关键在于我和你。亲爱的，我真的好想你！

♥我妻我爱，牵手今生不耍赖；我妻我爱，三生石畔缘分在；我妻我爱，浪漫甜蜜不懈怠；我妻我爱，相伴日子最精彩；我妻我爱，我要真心表个态：爱你不变。

♥挽着空洞的心灵发呆，孤单的身影是如此的不自在，想念你温暖的胸怀，想念甜蜜风车的旋转，希望收到你爱的信笺，从此拥有幸福的答案。

♥笑而不语，最撩拨人的心弦；含羞一笑，惹得心尖瓣乱颤；回眸一笑，让热情达到沸点；一颦一笑，都让人魂绕梦牵；微笑，就是爱最美的语言，可否多一点？

♥想你不会欠费，爱你不会停机，我是你的手机，紧贴你的身体，永远在你的服务区，为你传递爱的信息，让你感受家的温馨。

♥一朵花摘了许久枯萎了也舍不得丢，一把伞撑了许久雨停了也记不起收，一条路走了许久天黑了也走不到尽头，一句话想了很久清楚了，才说出口：有你真好！

♥用地平线织一件毛衣送你，不管你到哪，都走不出我的视线；用视线织一件毛衣送你，不管你去哪，我都把你看见。

♥有人牵挂的漂泊不叫流浪；有人陪伴的哭泣不叫悲伤；有人分担的忧愁不叫痛苦；有人分享的快乐叫做幸福！亲爱的，谢谢你一路陪在我身旁！

♥遇到你，是我心动的开始；爱上你，是我幸福的选择；拥有你，是我最珍贵的财富；踏入红毯，是我永恒的动力！

♥遇见你是无意，认识你是天意，想着你是情意，爱上你是心意，没有你时三心二意，爱上你时一心一意。

♥遇见你我是初春的丝雨，凝望你我是盛夏的绿荫，靠近你我是深秋的繁星，拥有你我是隆冬的骄阳。

♥愿冬季的大雪，覆盖你所有纷繁困扰；漫天的雪花，能飘尽你所有哀愁与悲伤；让我的爱，在这寒冷冬季带给你最贴心的暖意！

♥有了地球，月球从未走出它的轨道；有了天空，星星总在它的怀抱闪耀；有了你，我无法说出思念的美妙。用流星，来划出爱的信号。想着你，我的心好跳！

♥以风为媒，蜜蜂和花倾情拥抱；以火为媒，火柴和香烟一起燃烧；以棋为媒，卒子直奔帅的爱巢；以字为媒，写下一串爱的符号；以真情为媒，爱会相守到老。

♥月亮弯弯，相思的圆月瘦成了小船；小河弯弯，漫漫的柔情抚摸着两岸；小路弯弯，把爱的风景看遍；思念弯弯，转来转去总转不出想念的港湾。爱，温馨而浪漫！

♥一点烛光的摇晃，迷惑了我的眼眸；一点酒精的牵引，倾醉了我的热吻；一点食物的温度，融化了我的心跳；一点微笑的嘴角，收藏了我的一生——爱情。

♥一切都可以征服，只要你点头；一切都可以放弃，只要你摆手。想你所想，忧你所愁；爱你所爱，感受你所感受。只求与你常相守，恩恩爱爱到白头。

♥有你，就是好！心事变很少，不烦也不恼。有你，就是好！甜蜜心中绕，幸福早来到。有你，就是好！把你当作宝，直到我变老。

♥在错的时间遇上对的人是一场心伤；在对的时间遇上错的人是一声叹息；在对的时间遇上对的人是一生幸福！

♥早晨睁眼，看到枕边的你，是舒心；每当生病，看着你照顾我的身影，是窝心；虽然有时吵架，是闹心，但和你一起很开心。

♥最浪漫的事：牵着你柔嫩的手，依偎着走过风霜；靠在我宽厚的肩膀，细数爱里的沧桑；躲进我坚实的胸膛，不再为爱的无措彷徨。爱我，不让你受伤！

♥在我心里，你最珍贵！金钱与你比，贫贱如稻草；权利与你比，一点不重要。你的开心，与我如金；你的幸福，让我知足。

♥这是一部大片，你我联袂出演。本人承诺所有情节、动作均亲力亲为，绝不找替身，再危险也不。主题曲——死了都要爱，片名——誓爱你永远爱你！

♥珍惜一生的遇见，安守芬芳的情缘；手捧三世的誓言，共享爱恋的盛宴；踱步相思的河畔，相约幸福的永远；漫步情意的流年，共赴老去的那天。

♥众人皆醉我独醒，切莫笑我太痴情，今生有缘喜相逢，一生一世将你等，轻轻松松放个行，发张爱情许可证，没你人生无风景，回条信息天放晴，等你宁愿用一生。

爱情

分手篇

♥爱空空情空空，自己流浪在街中；人空空钱空空，单身苦命在打工；事空空业空空，想来想去就发疯；手机空没钱充，生活所迫不轻松。总之四大皆空！

♥爱情如洪水般涌来，我束手就擒；当你如潮水般退去，我无法自拔，只能久久地呆站在残留的水洼中咀嚼心痛！

♥爱上你只是一时，忘掉你需要一生。不管你是否还记得我，在你心里，有一滴我为爱你而流下的泪水，永永远远在那里……

♥爱是行驶在生命旅程上的巴士，你我偶然相遇在此，共度一段美好的时光。如今我却要独自到终点。但对我而言，爱你是一场不悔的沉醉！

♥错过日出可以等待，错过美景可以再来，错过流星可以期待，错过你却只有无奈。所以我很珍惜曾经与你有过的那些美好记忆。

♥此情已欠费，此爱也停机，缘分不在服务区；相思无应答，想念已占线，感情不能再充电。爱已经移动，心不再联通。

♥初见倾心，再见痴心。终日费心，欲得芳心。煞费苦心，想得催心。难道你心，不懂我心？如此狠心，让我伤心。

♥当爱随风去，情难两相依，生活却要继续，想你已不是我的唯一，但想你却还是我的必须。

♥当一切都已成风，我依然在此等候；当世界都已改变，我依然坚持最初。谁教我是个世界上最傻的人，只是知道要对自己喜欢的人好。

♥对的时间遇对的人，是一生幸福；对的时间遇错的人，是一场心伤；错的时间遇错的人，是一段荒唐；错的时间遇对的人，是一生叹息。

♥方寸间，历数世上桑田沧海；时空里，细念人间暑往寒来。是友人，星移斗转情意不改；是知己，天涯海角永记心怀。

♥放弃该放弃的是无奈，放弃不该放弃的是无能，不放弃该放弃的是无知，不放弃不该放弃的是执着。

♥给我你的爱，不要让我猜，不说明白只会造成伤害；好花不常开，好景不常在，不能相爱为何不早分开！

♥红尘摆渡人，我遥遥渡河而来，彼岸，烟波流转，可有人寻我？对岸，繁华三千，可有人候我？摆渡人早已扬长而去，禹禹独行，不得归航。

♥假如有一天我终于能将你忘记，那么生活就比较容易；然而这不是戏剧，我无法找出原稿，然后将你一笔抹去。

♥将生活中点滴的往事细细品味，伤心时的泪，开心时的醉，都是因追求而可贵。日落不是岁月的过，风起不是树林的错。只要爱过等过付出过，天堂里的笑声就不是传说。

♥戒不掉，花非花的情调；戒不掉，雾非雾的线条。梦幻还是闻到，泡影还是看到，假装拈花微笑，枉我自诩骄傲。

♥戒烟容易，戒你太难。当爱恋的病毒悄然而至，当你把从我心中下载的初吻放进回收站，我决定把爱情保存，让回忆格式化……你知道我的心在哭泣吗？

♥今天，夜依旧很黑，空气依旧是冷冷的，星星依旧闪烁……我心痛地以为自己不爱你，而眼角流下的泪却告诉我——我，爱不够你。

♥你说用时间去把我忘记吧！今天我要告诉你，时间不能冲淡一切，它却把我们的爱情底片冲得越来越清晰。

♥你我水晶般的爱情，一个不小心，碎成千百片，跌落一地的海誓山盟，溅起满天的泪雨朦胧。

♥你走了，在我心里丢下一颗种子，我用孤独灌溉它，终于它发芽了。开花结果，几乎一瞬间，我将果实剥开，发现果核上刻着你的名字！

♥请你一定要比我幸福，才不枉费我狼狈退出，再痛也不说苦，爱不用抱歉来弥补，至少我已明白你的追逐。

♥如此美丽夜晚，孤独是一种遗憾。想念得不到的爱情，已成习惯。情歌让我虚度浪漫，最后还是曲终人散。

♥如果，如果有如果的话，我还会再追你。可世界上有如果吗？没有！虽然我还是很想再来一次，可这已经是不可能的了。

♥如果你冷，我将你拥入怀中；如果你恨，我替你擦去泪痕；如果你爱我，我要向全世界广播；如果你离开我，我会默默地承受……

♥如果秋天过去，我在雪中爱你！如果世界消失，我在天堂爱你！如果你走了，我在泪水中爱你！如果我走了，我在远方爱你！

♥如果生命可以重新来一次，我愿意再和你牵手一生，因为你是我最爱的人；如果真的可以，我会更加细心地呵护你，不让你受今生曾遭过的罪……

♥时间如轮盘流转，爱情在酒影中烙印分离的宿命；光阴似流星飞逝，伤口在烟雾中凝结痛楚的疤痕。也许下站就是幸福。

♥是你让我懂得了什么是刻骨铭心，也让我尝到了心痛的滋味；虽然你已走出了我的视线，却永远走不出我的想念。

♥谁说“放弃是种美丽”，那是爱情无力；谁说“分手需要勇气”，那是对爱情神迷；谁说“相爱本是无奈”，那是对爱情背弃。

♥天涯何处无芳草，何必单恋一根草；就算认识你最早，分手不会让我倒；何惧寂寞将我扰，充实生活赶它跑。

♥天很黑，心很痛；夜很长，觉很短。邮箱查了一次又一次，手机看了一遍又一遍。我终于还是失去了你。

♥为什么路的后面还是路，为什么故事结束还有那么多的假如。只有你能打破黑夜的企图，什么时候我的梦境能有太阳居住？

♥我放弃了出发的船，停靠你的臂弯，想任性地在你身旁，结果一切并不如我的想象，在你的臂弯我也只是过境的船，于是我扬起了风帆……

♥我们拥有最美的恋曲，那是我生命中最珍贵的交响乐。不过，是该下休止符的时候了。

♥我想送你半朵玫瑰代表我的半颗心，因为另外半颗心已被你撕碎。泪水是我想你的滋味，寄出的心无力挽回，如果回忆是唯一的回信，我不会忘记我曾经美丽。

♥我想装入一瓶清水，汲上的却是半瓶泥沙；我想寻找那双熟悉的眼睛，看到的却是离我远去的背影。

♥我像是一个你可有可无的影子，让寂寞交换着悲伤的心事，对爱无计可施，这无味的日子，眼泪，是唯一的奢侈。

♥我知道这是一个错，可漠然的表情总是悄然而过；我知道我该收起这份失落，可最在乎的牵挂已涌入心窝。

♥我悄悄地走了，正如我悄悄地来，我挥挥衣袖，确实带不走一丝的云彩，只能擦干眼角不停落下的泪水，我会想你的。

♥熄灭的烟，空的房间，和一张你的旧照片，他们说这种画面叫做怀念。

♥相爱是一涡秋水，陷进去，就溺身而亡；失恋是一滩春水，怎么看，都没有美丽。地球是圆的，我们现在开始背离着走……

♥相思的泪打湿无眠的枕，相爱的情折磨失意的魂，相恋的人徘徊离别的街，相牵的心感受分离的痛。

♥幸福远了，但带不走随身的记忆。甜蜜化了，却冷却不了牵手的体温。泪水在眼眶里打转，一辈子的誓言却早已灰飞烟灭。

♥选择恋人要判断，表白爱情要果断，分手要当机立断，情丝要快刀斩断，关系要彻底了断。

♥眼泪终于流成水，滑过舌头时才知道，不是所有的水都是甜的。可是咽下去，却滑伤了喉咙，痛的是我自己。

♥也许当某天，你终于明白，面对你时我的无奈，我已经不在你身边。爱是缘，被爱是分。有缘无分，或者有分无缘都是一幕人间悲剧。如果缘由天空，分却在于人为。

♥一个人一生可以爱上很多人，等你获得真正属于你的幸福之后，你就会明白以前的伤痛其实是一种财富，它让你学会更好地去把握和珍惜你爱的人。

♥一颗流星划过天际，我错过了许愿；一朵浪花溅上岩石，我错过了祝福；一个故事只说一遍，我错过了聆听；一段人生只走一回，不知道错误是否天定？

♥有时候执着是一种重负或伤害，放弃却是一种美丽。

♥远方的情人，我不追究以前，也不期待永远。认识你是我一生的错误，爱上你是我一生的幸福。今生无悔！

♥早晨的太阳红彤彤，我俩的爱情一场空。中午的太阳红似火，为什么受伤的总是我？傍晚的太阳西边落，都是女人惹的祸！

♥早知道和你注定是无尽的忧郁，我却不知该如何收回我的心意。不能说出的故事，一场美丽的相遇，爱是一场不悔的沉醉。

♥这一次我真的离开了你，比当初爱上你更需要勇气；这一次我真的离开了你，不敢告诉你我还是爱你。

♥走得最快的是最美的风景，伤得最深的是最真的感情！

对比篇

♥当女人走投无路的时候，她会和一个男人结婚；当男人走投无路的时候，一个女人定会和他离婚。

♥对于男人来说，最漂亮的女人是不能得到的女人；对女人来说，最潇洒的男人是已经拥有的男人。

♥好的爱情是你透过一个男人看到世界；坏的爱情是你为了一个男人舍弃世界。

♥结婚前的男人是汽车，女人是加油站；结婚后的男人依然是汽车，而女人却是收费站。

♥结婚前男人借钱也要让女人吃好；结婚后女人借钱也要让男人吃好。

♥离婚时不要财产的男人，一定不是好男人；离婚时不要财产的女人，一定不是坏女人。

♥恋爱中的男人在花开时就盼着结果，女人却在花季里想到落叶。

♥恋爱中男人什么诺都敢许，女人什么东西都敢要。

♥恋爱中男人是女人的钱包，女人是男人的影子。

♥美女喜欢称赞其他女人的衣服漂亮，有钱的男人喜欢吹捧别的男人收入高，最后的结果都是把话题引到自己身上。

♥男：女二十而美，三十而强，四十而贤，五十而润；女：男对女应是二十而慕，三十而助，四十而敬，五十而赏。

♥男孩穷着养，不然不懂得奋斗；女孩富着养，不然一块蛋糕就哄走。

♥男青年在地上划个圆说道：我对你的爱，就像这圆一样，永远没有终点；女青年也在地上划个圆，然后说：我对你的爱，永远没有起点。

♥男人把接吻当作贷款，放在保险柜里；女人把接吻当作投资，期望获得利润。

♥男人不看账单便付钱，他正在追这个女人；当他开始留意账单上的项目，他已把这个女人追到手；当他翻查账单，并埋怨太贵，他跟这个女人感情十分稳定。

♥男人不能没有钱，没钱你当不了王子，只能是一只无装的青蛙；女人不能没有姿色，没有姿色你当不了公主，只能是一枝原野的鲜花。

♥男人不喜欢七分精明的女人，就像女人不喜欢七分老实的男人！

♥男人得意时喜欢炫耀，女人失意时喜欢倾诉。

♥男人的爱属于经济基础，女人的爱属于上层建筑，所以男人总想用金钱来表达爱情，所以女人总是在梦想中等待爱情。

♥男人的誓言，七分是假，三分是真，于是男人不坏，女人不爱；女人的外貌，三分靠长相，七分靠打扮，于是男人胆大去经商，女人胆大不化妆。

♥男人对女人欣赏使女人增加妩媚和灵气，女人对男人崇拜使男人凭添力量与勇气。

♥男人烦透做家务事，下班不愿意往家返；女人为要做家务事，下班急忙住家跑。

♥男人愤怒时无话可说；女人愤怒时啥话都说。

♥男人和老婆的关系再差，他和岳母的关系也是好的；女人和老公的关系再好，她和婆婆的关系也是差的。

♥男人和女人在车里吵架生气，如果是女人开车她会猛踩刹车；如果是男人开车他会猛踩油门。

♥男人婚前说：你是我的婚后我是你的；女人婚前讲：我属于你婚后你属于我。

♥男人结婚是因为他们疲倦了，女人结婚是因为她们好奇。结果，两者都失望！

♥男人具有气体属性，喜吹牛，爱发火；女人具有液体属性，喜吃醋，爱流泪。

♥男人看女人，恋爱时最漂亮，结婚后最普通，离婚时最难看，离婚后又变漂亮；女人看男人，恋爱时最诚恳，结婚后最无聊，离婚前最虚伪，离婚后又变诚恳。

♥男人考验女人的办法是远走高飞，女人考验男人的办法是约会迟到。

♥男人可一辈子愿意为结婚而去谈恋爱；女人可一辈子愿意为谈恋爱而去结婚。

♥男人恋爱是情分，女人恋爱是本分，男人花心是天分，女人花心是没名没分。

♥男人恋爱是因为轻率出击，女人恋爱是因为躲闪不及。

♥男人骂女人，骂的是心里最恨的女人；女人骂负心汉薄情郎，骂的却是最爱的男人。

♥男人没本事就别说女人太现实，女人没实力就别说男人太花心。

♥男人没赚到钱时女人着急，男人赚到钱时女人后悔。

♥男人们聊天，七分谈理想，三分谈女人；女人们则七分谈男人，三分谈理想。于是男人们征服世界赢得女人，女人征服男人赢得世界。

♥男人面对一群女人的时候，不要讨论相貌问题；女人面对一群男人的时候，不要讨论财富问题。

♥男人能够忍受不幸的爱情却不能够忍受不忠的婚姻，女人能够忍受不幸的婚姻却不能够忍受不忠的爱情。

♥男人撒谎是种习惯，女人撒谎是种需要。

♥男人善于发现老婆的缺点，女人善于发现老公的优点。

♥男人是爱情的野兽，女人是爱情的宠物。

♥男人是泥捏的，女人是水做的。二者关系是：泥巴虽然硬，但水可把它泡化。

♥男人是桃子，外软里硬，要慢吃慢咬；女人像鸡蛋，外硬里软，要轻拿轻放。

♥男人讨老婆最好是年轻顾家还要漂亮，女人选老公最好是有钱有业还要潇洒。

♥男人违章停车被罚款会和警察吵一架，女人在一边劝；女人违章停车被罚款会和身边的男人吵一架，警察在一边劝。

♥男人伪装坚强，只是害怕女人发现他软弱；女人伪装幸福，只是害怕被男人发现她伤心。

♥男人吻女人是一种回收的贷款；女人吻男人是一笔放出去的贷款。

♥男人希望女人三分妩媚，七分苗条；女人则希望男人三顶乌纱，七根金条。于是，男人常赞叹："她真美"；女人常感慨"他可真有钱"。

♥男人希望做女人的初恋情人，女人想成为男人的最后情人。

♥男人喜欢放出诱饵垂钓爱情，女人喜欢不惜血本守望爱情。

♥男人欣赏女人，好看就是言情片，难看就是恐怖片，泼辣就是枪战片，老实就是国产片。

♥男人要是提出离婚，往往是他已经不喜欢他的妻子了；女人要是提出离婚，往往也是她丈夫已经不再喜欢她了。

♥男人一生，七分的时间用来思考，三分的时间去表达；女人一生，三分的时间用来思考，七分的时间去表达。

♥男人有钱首先换手机，然后换汽车，然后换房子，最后才换衣服；女人有钱则刚好相反。

♥男人有情人会有一种成就感，女人有情人会有一种负罪感。

♥男人在结婚前觉得适合自己的女人很少，结婚以后觉得适合自己的女人很多；女人结婚前挑男人挑花了眼，结婚后怕老公挑女人挑花了眼。

♥男人主动吻女人是突发事件；女人主动吻男人是预谋事件。

♥男人追求女人，是迅猛出击，结果往往雨过天晴；女人追求男人，则缓慢渗透，却可以滴水穿石。

♥男人总觉得别人家的媳妇比老婆好；女人总认为自己的老公没有人家的强。

♥男人总喜欢私底下留点小钱儿对付应酬；女人总是想家庭财务统管并独揽大权。

♥男人最傻的时候是第一次穿西装上班的时候，女人最傻的时候是第一次穿吊带裙上街的时候。

♥能让男人轻松的女人是好女人，能让女人满足的男人是好男人。

♥女人安慰女人时往往说自己很惨，男人安慰男人时往往说另一个男人很惨。

♥女人把自己的七分给了家，三分给了父母；男人的七分分给事业，妻子、儿女、父母、情人分剩下的三分……于是离婚时女人能得到七分的财产，而男人却得到十分的自由。

♥女人单位发了一千块钱，她会告诉男人发了一千块钱，告诉自己的朋友发了五百；男人单位发了一千块钱，他会告诉女人发了五百，告诉自己的朋友发了一千五。

♥女人都有七分的自信，三分的不确定，所以女人总是问男人，“我穿这件衣服好看吗?”男人则是七分的不耐烦加三分的敷衍，看都不看就道“真好看”!

♥女人对男人说“我知道自己其实不漂亮”时，男人绝对不要表示同意；男人对女人说“我其实很失败”时，女人绝对要表示反对。

♥女人对你说“讨厌”的时候表明她喜欢你，男人对你说“讨厌”的时候他是真的讨厌你。

♥女人美丽的面容，是使男人拜倒的“迷魂汤”；男人的甜言蜜语，是使女人投入怀抱的“杀手锏”。

♥女人漂亮的不会下厨房，会下厨房的不温柔，温柔的没主见，有主见的女人没有女人味，有女人味的乱花钱，不乱花钱的不时尚，时尚的不放心，放心的没法看；男人有才华的长的丑，长的帅的挣钱少，挣钱多的不顾家，顾了家的没出息，有出息的不浪漫，会浪漫的靠不住，靠得住的又窝囊。

♥女人如衣服，当你真想追她时，就像你真想买衣服一样，往往会被宰。当你无所谓买不买时，反而可低价得到。

♥女人是用来观赏的，男人是用来猜想的。

♥女人外遇的对象，通常是她爱的人；男人外遇的对象，通常是爱他的人。

♥女人温柔时充满幻想，男人温柔时充满渴望。

♥女人无所谓正派，正派是因为受到的引诱不够；男人无所谓忠诚，忠诚是因为背叛的筹码太低。

♥聪明的女人对付男人，而笨女人对付女人。

♥女人吸引男人的办法就是让他一直得不到；男人吸引女人的办法正相反，就是让她一直满足。

♥女人希望恋爱总在路上，男人希望恋爱一步到家。

♥女人幸福在于：他真的爱我；男人幸福在于：她值得我爱。

♥女人一脚若踏两只船，那是为了最后只与一个男人谈恋爱；男人一脚若踏两只船，那是为了同时间可拥有多一个女人。

♥女人因为愚蠢而善良，男人因为善良而愚蠢。

♥女人有情人后会有一种负罪感，而男人有情人后则有一种成就感。

♥女人愈是上了年纪，愈是热衷于女人的事务；男人愈是上了年纪，愈是从女人的事务中退却。

♥女人真奇怪：不该知道的事，全都知道；该知道的事，却反而不知道。

♥女人最喜欢听男人说另一个女人很难看，男人最喜欢听女人说另一个男人很失败。

♥女为悦己者容，男为悦己者穷。

♥女性是世界上最伟大的力量，只有通过她，男人才可能发挥出他的全部潜在力量。

♥相爱时，男人把女人比作星辰、飞鸟、天使等等与天空有关的事物，恩断情绝时，男人把天空据为己有，把爱过的女人放回到地面上去。

♥七画是“男”，三画是“女”，“七”加“三”才是十全十美。于是，男人拿走七分权利，女人只有三分的反抗！

♥其实最甜美的爱情是三分得到，七分想要；而稳固的婚姻是七分得到，三分想要。所以，婚姻不甜蜜是因为女人让男人得到的太多了。

♥上帝创造了男人是为了使他孤独，而创造了女人是为了不让男人孤独。

♥失败的男人喜欢和别人比老婆，成功的女人喜欢和别人比老公。

♥世上女人很多，男人说值得爱的女人不止一个；世上男人不计其数，女人却说，值得爱的男人只有一个。

♥体力上男人是七，女人是三。但耐力上女人是七，男人是三。所以面对情敌时，男人们通常都是短兵相接，武力解决；女人则更喜欢明争暗斗的拉锯战！

♥女人换手机，是因为公司里有同事换了新手机；男人换手机，无非是觉得这辈子换老婆没希望了。

♥一个成功的男人就是能够挣到比妻子花的钱更多的钱；一个成功的女人就是能够找到这样一个男人。

♥因为男人粗心，所以女人贴心；因为男人诚心，所以女人动心；因为男人真心，所以女人放心；因为男人花心，所以女人伤心！

♥再聪明的女人在自己的相貌上也是糊涂的，再愚蠢的男人在女人的相貌上也是清醒的。

♥在五彩缤纷的外部世界，女人占去七分色彩，只留下三分给男人，于是有“花姑娘”；在同样绚烂的内心世界，男人花七分去欣赏别的女人，只留给爱人三分的忠诚，于是有了“花花公子”。

♥争吵的时候，男人是步枪，女人是机关枪。

♥最穷的男人买菜也不讲价，最有钱的女人买菜也要讨价还价。

节日

元旦春节

✽2012 年“潜规则”：心情快乐点、身体健康点是人生 2 个基本点，烦恼执行 0 标准，快乐生活、工作的方针 1 生 1 世不变。

✽2011 句再见向旧年告别，2012 个愿望向新年期许，2011 个祝福已经送达，2012 种快乐将你围绕。2011 精彩定格，2012 快乐继续！

✽奔波一年又一年，道句辛苦了。携手一天又一天，说声感谢了。走过一程又一程，终点变起点。人生一站又一站，日子苦也甜。新的一年，祝你幸福平安！

✽不许动，举起手来！认识的站左边，不认识的站右边，想笑的站中间。说你呢！就是你！快放下手机，双手抱头靠墙站好，仔细给我听着：祝你新年快乐！

✽本年最可爱短信：收到的人会永不被炒，阅读的人会飞黄腾达，存储的人会爱情甜蜜，删除的人会好运连连，转发的人会薪水猛涨。

✽标点符号贺元旦：冒号敬告你，新年驾临；

逗号恭贺你，年年有余；句号祝福你，团团圆圆；感叹号感动你，懂得感恩；引号包含你，福至心灵；括号锁定你，集聚财气；破折号提示你，势如破竹；省略号浓缩千言万语，祝你元旦快乐，新年大吉！

✻趁2012年钟声还没敲响，我赶紧用财富雷达跟踪你，快乐大炮对准着你，幸福机枪瞄向你，祝福子弹包围你。你能躲得过吗？祝你元旦节快乐！

✻叮叮铃铃手机响，新年寄语传四方：愿你烦恼每天少一点，只剩开心；幸福每天多一点，没有忧伤；工作每天少一点，只剩悠闲；钞票每天多一点，不会缺钱；幸福快乐来相伴，开心短信莫不传。

✻福禄群香聚财宝，万事昌隆庆有余，红袍加身行天下，掌握乾坤步步升，五谷丰收迎春柳，金玉满堂话丰年。

✻过新年，吃蛋糕，我来给你切一刀。切去烦恼切去伤，斩断悲伤斩断忙。平安做奶油，幸福做底座，送给你一个我特制的元旦蛋糕，祝你元旦快乐。

✻欢欢喜喜迎新年，万事如意平安年，扬眉吐气顺心年，梦想成真发财年，事业辉煌成功年，祝君岁岁有好年！

✻今晚最后一轮夕阳，记录着曾经美好的过往；明早第一缕曙光，寄托着重新开启的希望；朋友第一个愿望，承载着幸福安康的吉祥。元旦祝福提前送上！

✻聚喜玛拉雅之阳光，拢天涯海角之清风，撷冈底斯山之祝福，吸比尔盖茨之财气，作为礼物送给你，祝你新年快乐！

✻快乐时有你的祝福，失意时有你的安抚，遇到你是我的幸福，人生有你我已知足，在新的一年里，让我们共同来祝福彼此，新年快乐！快乐永远！

✻立马千山外，元旦祝福如天籁。岁月又更改，思念依然在。问候万里外，新年好运与你同在，成功为你等待，快乐为你盛开，幸福花儿开不败。

✻萝卜白菜都涨价了，短信收费却依然如故。快过元旦了，要是不给你发个信息，显的俺很抠门。一个短信买不到半拉萝卜，可俺的心日月可鉴哪！

✻蓝天为纸，清风为笔，祝福为星，点上真诚，描上白云，奉上月亮，送给正在看短信的你。祝你新年快乐，生活如诗如画，好事连连，好梦甜甜！

✻默默地思念很深，默默地祝福最真，默默地怀念难舍难分，默默地牵挂永远在心，默默地等待元旦来临，默默地祝福我的朋友，元旦愉快、健康幸福！

✻能煮熟的是鸡蛋，受保护的恐龙蛋，没人要的过圣诞，还有元旦排排站，不快乐的是傻蛋，风风火火庆双旦，亲爱的朋友，节日快乐！

✻零时的钟声响彻天涯，新年的列车准时出发。它驮去了一个难忘的岁日，迎来了又一轮火红的年华。祝您新年快乐，鹏程万里！

✻年年祝福年年送，今年祝福换短信；短短几句温情话，愿您快乐又温馨；新年贺岁平安到，福运幸运常相伴；祝您事事均顺利，全家幸福更健康！

✻谱不出雅韵，吟不出诗句，抄不来思念，借不了神笔，转不动经纶，写不下美文，但灿烂的新年就要来到，真诚的祝福依然要送给你：提前祝元旦快乐！

✻请用一秒钟忘记烦恼，用一分钟想想新年，用一小时与爱人度过，用一年来体会生活！在新旧交替之际，请用一个微笑来接收我传递给你的祝福！

✻日月有情迎新年，山川无阻庆新年。雪里梅花霜里雪，梦中思念话中行。一束快乐随冬雪，十分好运沾春雨，百般成功遂你意，万种幸福由你享。

✽人生匆匆一秋，日子哗哗一年，缘分淡淡一世，联系虽然时断时续，惦记却是分分秒秒，我的祝福永远永远，我的朋友，天寒气冷，加衣保暖啊！祝元旦快乐！

✽人类一思考，上帝就发笑。上帝一发笑，元旦就来到。元旦一来到，礼物就收到。礼物一收到，幸福就播报。幸福一播报，祝福就送到。

✽圣诞意犹未尽，元旦闪亮登场。年尾喜气洋洋，年头精彩开场。周围喜庆气氛，一浪高过一浪。蓦然回首过往，一年充实奔忙。新年开启希望，祝你好事成双。

✽圣诞元旦生紫烟，遥看节日到眼前，快乐直下三千尺，幸福飘飘落九天。横看圣诞竖元旦，远近高低都平安，识得节日真面目，问候短信到眼前。

✽岁月如歌蝶恋花，新年朝阳艳如画。元旦喜庆福相随，天地共舞春又归。白雪纷飞送福至，红霞满天寄心意。真诚话语不多说，敬祝佳节多快乐。

✽抬头望浮云片片，低头看落花点点。回头忆匆匆一年，提笔起思绪翩翩。勤思考多累经验，再努力争取明天。展开颜，胜过今年。

✻天气预报：元旦前后将出现强对流天气，大面积下钞票，局部有金条，快乐火山暴发，引发友情泥石流，H2N2欢乐台风登陆，预计极端天气将持续一周。

✻我做人比较厚道，做事比较低调，怕到时挤不上祝福你的快车道，挤不进祝福你的人潮，所以先预祝一声元旦好！这可是2011最后2012最新的哦。

✻龙年十大经济猜想：房价升，利息涨；股票升，物价涨；币值升，出口长；工资升，就业长；保障升，福利长。祝您龙年支出不涨，收入猛涨！

✻无论是圣诞还是元旦，愿你旦夕快乐；无论是今朝还是明天，愿你幸福天天；无论是相见还是怀念，愿你祝福不断；无论是国节还是洋节，愿你笑容甜甜。幸福过圣诞，快乐迎元旦。

✻我手摘一弯月牙，头顶两颗星辰，眼含三色秋波，口叼九朵玫瑰，脚踏十瑞祥云，以闪电般的速度来到你的面前：元旦快乐！愿意和我一起分享假期吗？

✽我托空气为邮差，把热腾腾的问候装订成包裹，印上真心为邮戳，37度恒温快递，收件人是你，真心祝你：新年好！

✽无钱不恼，有钱不骄，生活不易，知足最好，快乐多多，烦恼少少，健康常伴，平安笼罩，友情拥抱，亲情围绕，紫气东来，福运缭绕，新年没到，祝福早到。

✽我们是警察！你已经被我方新年快乐和万事如意包围了，乖乖接受祝福才是唯一的出路！否则将有更多的龙年大发雨、天天开心箭射向你！

✽我以涮羊肉的温暖，水煮鱼的热烈，白灼虾的鲜美，咕老肉的甜蜜，发面饼的博大，祝福你在新的一年万事如意、心想事成、财源滚滚！

✽新年到，鸿运旺，烦恼的事儿往边靠，祝君出门遇贵人，在家听喜报！年年有今日，岁岁有今朝！元旦快乐，大吉大利！

✽新年来临送祝福，家中进棵摇钱树，树上开朵如意花，花落结个开心果，爱情鸟儿常相伴，幸福鸟儿团团转，全部停驻你家园，不离不弃到永远。祝元旦快乐！

✻新的1年到来了，祝你2手抓满钱，事业上3羊开泰，你的烦恼4分5裂，处理好7情6欲，困难距离你10万8千里，最后幸福都99归一。

✻新年大吉！祝你：一如既往，二人同心，三口之家，四季平安，五福临门，六六顺意，七喜来财，八方鸿运，九九吉祥，十分美满，百花园中，万紫千红！

✻新年到了，思念是我的牵盼，短信是我的书笺，清风是我的拥抱，美酒是我的衷肠，钟声是我的问候，礼花是我的祝愿，雪花是我的贺卡，快乐是我的祝福！

✻新年的雪花飘飘洒洒，新年的脚步滴滴答答，新年的爆竹劈劈啪啪，新年的烟花雾里看花，新年的祝福稀里哗啦，我的问候准时送达，来年的你肯定大发！

✻新年已来到，向你问个好。开心无烦恼，好运跟着跑。家人共团聚，天伦乐逍遥。朋友相扶持，心情不寂寥。事业风水顺，金银撑荷包。祝生活开心步步高！

✻元旦是美好的总结，就像句号；元旦是未来的开启，就像冒号；元旦是惊喜的祝福，就像感叹号；元旦是幸福的未知，就像省略号。愿你新年写满快乐的标点！

✻愿你新的一年：寻梦梦就圆，日子千般万种甜；做事事就成，成功相随倍精神；想财财就来，金山银海好运在。元旦祝福最灵验，看过之后笑开颜。

✻元旦到，问个好，愿你开心困难少；青春驻，不变老，全家天天呵呵笑；儿女孝，幸福绕，忧愁全部上云霄；健康在，收入高，幸福生活乐逍遥。

✻元旦将至，提“钱”祝你“鑫”年快乐：愿你跑步“钱”进、勇往直“钱”、“钱”程似锦、郎“财”女貌、一表人“财”、“富”如东海，鸿“富”齐天！

✻元旦的曙光就要来了，请对着蓝天微笑一下。我要剪裁2011个开心时光，为你缝成2012件幸福衣裳。别忘了，即使活得很现实，也要想得很美好。

✻元旦要吃蛋，吉利又平安。一枚双黄蛋，夫妻恩爱甜。一枚荷包蛋，红包送上前。一枚幸运蛋，好运到身边。一枚祝福蛋，幸福长久远。“圆蛋”快乐！

✻元旦一起来砸“蛋”：让你的烦恼完蛋，忧愁滚蛋；苦闷鸡蛋碰石头，酸楚鸡飞蛋打，幸福与快乐还要一起来捣蛋，要有心理准备哦！

✻元旦来临喝杯酒，愿你好运天天有；元旦来临访访友，愿你开心无烦忧；元旦来临探亲人，愿你心间胜暖春；元旦来临信息传，愿你轻松长悠闲。

✻元旦要到了，趁着还没有放假，欢庆晚会还没有开始，祝福短信还没有爆发，你的手机还有空间，我的手机还没欠费，发消息还没涨价，早早预祝你元旦快乐！

✻元旦就来到，我的祝福到，天天开心笑，日日数钞票，老板对你笑，加薪给红包，美女抛绣球，专打你发梢，躲都躲不掉，逃也逃不了。

✻元旦佳节不收礼，要收只收人民币，现金红包加福利，通通属于你；元旦佳节不送礼，要送只送短信息，健康幸福添如意，统统跟随你！

✻元旦到，送你快乐“同心圆”：天圆地圆，天地之间爱心圆；心圆梦圆，心想事成事事圆；月圆人圆，阖家欢乐大团圆；你圆我圆，开心快乐心更圆！

❉元旦天气预报：傍晚下人民币，西北方有支票，局部有金块，半夜有零星美元转欧元，请带好钢盔，备好麻袋，准备发财！祝您新年提钱快乐！

❉元旦之快乐操：脑袋摇一摇，金钱满腰包；脖子晃一晃，元宝一箩筐；胳膊挥一挥，越长越甜美；屁股翘一翘，健康来报到；伸腿踢一踢，天天笑眯眯；快乐操要练，快乐在元旦。

❉一家和和睦睦，一年开开心心，一生快快乐乐，一世平平安安，天天精神百倍，月月喜气洋洋，年年财源广进。

❉一【元】复始，【旦】夕即至，加急特【快】，欢【乐】贺岁，气象一【新】，【年】年有余，宏图【大】展，【吉】祥如意。祝你元旦快乐，新年大吉！

❉一元复始，万象更新；年年如意，岁岁平安；财源广进，富贵吉祥；幸福安康，吉庆有余；竹报平安，五福满门；喜气洋洋，新年快乐！

❉友情是份纯真，祝福是份形式，新年的祝福我不擅长，可我的祝福无人替代，别学别人玩转发，我的祝福是无价，一般的人我不发，祝你元旦快乐！

❉用真心起笔，用关怀和呵护描绘过程，用风雨同舟收笔，世上最美的圆就出现了，因为360°全方位的祝福，是独一无二的啊！元（圆）旦快乐啊！

✽一份和谐，平平安安，一份安然，快快乐乐，一份深情，吉祥如意，一份祝福，全家幸福，元旦，圆满结束一年，开始新的一年，一起努力，再接再厉。

✽阅读这条短信时，你欠我一张卡片；删除这条短信时，你欠我一份礼物；回复这条短信时，你欠我一顿大餐！如果你不回复，那你就欠我一声元旦快乐！

✽愿新的一年里：春风洋溢您，家人关心您，爱情滋润您，财神宠幸您，朋友忠于您，我会祝福您，幸运之星永远照着您！

✽祝您在新的一年里：一家和和睦睦，一年开开心心；一生快快乐乐，一世平平安安；天天精神百倍，月月喜气洋洋；年年财源广进，岁岁平安祥和！

✽祝你一家瑞气，二气雍和，三星拱户，四季平安，五星高照，六畜兴旺，总之新年快乐，万事如意！

✻祝新的一年里：领导偏袒你，警察让着你，法院向着你，官运伴着你，媳妇由着你，吃喝随便你，财运罩着你，中奖只有你！

✻子曰："人无信，不知其可也！"意思是：孔子说，一个人新的一年里如果连祝贺短信都没有，那还怎么混呢？我用这条短信证明，你混得很好！元旦快乐哈！

✻在干嘛？我跟人打架，现在在派出所呢！早上买早餐茶叶蛋6毛，我说5毛他不卖！我就一砖头上去了！为省1毛钱给你发个短信，祝你元旦快乐！我容易么我！

✻朝阳是新生的力量，督促奋斗的人前进；初恋是懵懂的情愫，牵绊相爱的人心上；元旦是新年的伊始，带来等待的人希望。朋友，元旦快乐！

✻祝您：大财、小财、意外财，财源滚滚；亲情、友情、爱情，情情如意；官运、财运、桃花运，运运亨通；爱人、亲人、友人，人人平安。

元宵节（农历正月十五）

✻百枝火树千盏灯，烟火璀璨不绝，三五知己结伴赏灯来，安能把君忘？一丝思念，一句祝福，小小短信满是心意：祝元宵节快乐！幸福安康！

✻把思念揉成面，用快乐来作馅，加一勺甜蜜水，点一束平安火，真心守护，熬成碗生活美满如意汤圆，送给你，祝你幸福到永远。

✻猜谜：圆圆像个球，个头却小小，有时硬来有时软，有时冰来有时暖；五颜六色各不同，夹心在内味更美。猜对了吗？祝你元宵佳节幸福满满，快乐连连！

✻春夜灯花，几处笙歌腾朗月；良宵美景，万家箫管乐丰年。三五良宵，花灯吐艳映新春；一年初望，明月生辉度佳节。元宵节快乐！

✻吃元宵，品元宵，元宵佳节香气飘；猜灯谜，耍龙灯，喜气洋洋好心情；踩高跷，划旱船，多彩生活展笑颜；短信传，友情暖，对你祝福到永远！元宵节快乐！

✻春已来了，寒还未退。夜已黑了，人还未睡。酒已尽了，心还未醉。月老开眼，赐我姻缘。元宵节将此短信转发可获赠月老亲笔签名。先发先得，过期作废。

✻大红灯笼高高挂，映出团圆笑脸庞；彩色元宵热腾腾，现出团聚好年华；你吃元宵我和面，你看灯笼我来挂；友好和善大中国，元宵佳节是一家！

✻灯笼红红，月亮皎皎，朗朗乾坤，思念普照。圆圆元宵，祝福为匀，圆你心愿，圆你梦晓。祝：元宵快乐，合家逍遥，健康常伴，幸福驾到！

✻短信轻吟舞蹁跹，无限问候暖心田，缕缕莲香沁心脾，温馨祝愿满心间，正月十五月正圆，廊桥美梦一线牵。在这个月圆之夜，送去我美好的心愿！

✻挂上灯笼，点亮红烛，天空中礼花绽放。汤圆煮好，月上树梢，一家欢聚闹元宵。良辰佳节，天下齐庆，此时不能忘朋友，短信带着汤圆到。

✻火树银花不夜天，欢歌笑语人不眠；灯谜条条逗人乐，明月霞光照笑颜；亲朋好友互庆贺，汤圆个个幸福甜。祝元宵节给力！前途似锦！

✻花灯吐艳映新春，汤也圆圆福也圆圆；良宵美景迎佳节，事也圆圆财也圆圆；笙歌一曲唱佳音，人也圆圆心也圆圆。恭祝元宵佳节，好梦圆圆！

✻好喜欢你的软，好喜欢你的酥，好喜欢你的粘，好喜欢你圆圆的头，哈哈，因为你是汤圆，祝你元宵节快乐！

✻今宵月圆白如昼，千年轮回人依旧。月增年华人增寿，岁月过后看春秋。满腹真情话别后，月圆之夜话语稠。此时莲灯观不够，来世对月消新愁。

✻冷时硬中甜，热时软中绵，有心不外露，清白自在圆，热热闹闹吃汤圆。愿我们有缘常相聚，元宵节快乐！

✻明月霞光耀九州，星星点点缀银河；花灯祥光添喜庆，汤圆翻滚庆团圆；烟花璀璨增福气，短信传情增友谊。祝元宵节快乐！

✻明月天上圆，歌声地上欢；花灯千光照，烟花绽璀璨；汤圆锅中闹，人们展笑颜；神州祥和地，百姓庆团圆。

✻美丽的夜空，把梦想呈现；圆圆的明月，把幸福实现；漂亮的花灯，把节日妆扮；温馨的短信，把祝福传递。我的心愿：愿你元宵节快乐幸福每一天。

✻你是馅我是面，不如做个元宵大团圆；你是灯我是纸，不如做个灯笼红通通。你情我愿庆佳节！欢欢喜喜闹花灯！你我爱情比元宵甜！

✻你知道我多喜欢你吗?! 圆粉粉的小脸蛋，咧嘴就是那么甜蜜的笑容。真的好想在你脸上狠狠地吻下去，让你融入我的身体。啊！香甜的元宵。

✻千家门前灯笼挂，万户锅中煮元宵，市集万人猜灯谜，庭前赏月家人笑，烟花冲天追明月，短信祝福送朋友：祝元宵节快乐！

✻前程路漫漫，歇歇；心事也重重，放放；事务多又繁，缓缓；元宵佳节到，聚聚；亲朋好友多，走走；山河更壮美，转转！祝您元宵快乐，阖家幸福！

✻赏一轮明月寄托相思之情，品一个汤圆尝幸福的甜蜜，放一颗烟花欢庆太平盛世，发个短信送一片真心祝福：祝元宵节快乐！

✻送走冬季的严寒，迎来春天的灿烂，世界随着季节变，思念却是更胜前，元宵佳节心情暖，给你祝福不会变，愿你生活比春花艳，愿你事业比月亮圆。

✻送你一碗滚烫的元宵，一如我火热的心，黏住你的爱，甜透你的情，把你裹进我的一生里，没有风雨，没有忧伤，圆圆满满地享受爱的甜蜜！

✽送你一台宝马——没钱！送你一片草原——没权！送你一朵白云——易散！送你太空漫步——太难！送你一袋元宵——简单！送你一句祝福——温暖！元宵节快乐！

✽送你一碗圆圆汤圆，以幸福、快乐为馅，用开心久久包围，用团圆来熏陶，以吉祥为汤水，在好运上慢慢熬制，只为在元宵佳节送你，愿你一生安康！

✽汤圆展销啦，白糖的一生甜如蜜，玫瑰的爱情四溢，核桃的聪明绝顶，芝麻的好吃不贵，蒸着吃超级美味，油炸的红红火火，汤煮的美满乐融融啊！

✽汤圆，月圆，祝你亲朋团团圆圆；官源，财源，祝你事业左右逢源；人缘，机缘，祝你好运缘缘不断；心愿，情愿，祝你理想天随人愿！

✽天上繁星晶晶亮，地上彩灯换色彩；天上明月寄相思，地上汤圆寄团圆。又逢一年元宵节，温馨祝福送心田；健康吉祥送给你，愿你梦想都实现。

✽天上的月儿圆，锅里的元宵圆，吃饭的桌儿圆，你我的情更圆，就像元宵一样黏黏乎乎、团团圆圆。祝您元宵节快乐！

✻万里长城永不倒，提前问你十五好；春风已过玉门关，愿你收入翻一番；十五的月亮十六圆，弯腰就能捡到钱；桂林山水甲天下，存折塞满枕头下。祝元宵节提钱快乐！

✻元宵到，生活俏，吉祥之星为你绕，五彩花灯为你放，快乐之树为你茂，好运之粥为你甜，幸运汤圆为你圆。祝你元宵佳节幸福盎然，快乐无极限！

✻元宵佳节到，明月高高挂，月亮对你笑弯眼，口含元宵格外甜；十五汤圆味儿美，一入口中快乐延，温馨荡漾真情传，愿你快乐每一天。祝你元宵节顺心如意。

✻有花有月真娱人，桃红柳绿不胜春，春到人间人似玉，烟花璀璨月如银，满街霓虹俊男女，遍地歌舞庆良辰，发条短信与君享，福寿齐临君家门。

✻元宵佳节倍添喜，锣鼓喧天问候你。烟花绚烂照亮你，彩灯排排祈福你，汤圆粘粘粘住你，明月温柔爱给你，祝福无限缠着你，惊喜连连笑纳你。元宵节快乐！

✻元宵闹花灯，送你五盏吉祥灯：出人头地捷足先登，财源滚滚五谷丰登，五子登科高人一等，登峰造极马到功成，一步登天步步高升！元宵节快乐！

✽元宵节到了！朋友，我对你的思念就像这元宵一样，塞得鼓鼓的，捏得圆圆的，煮在锅里沸了，盛在碗里满了，含在嘴里，呀，太甜了。元宵节快乐！

✽元宵到，愿你看着汤圆圆圆，吃得肚皮满圆，喜得脸蛋滚圆，家庭幸福团圆，事业红得溜圆，爱情花好月圆，一生春色满圆，一世幸福美圆！

✽元宵到，元宵闹，花灯猜谜生活俏，思念此刻在欢跳，祝福立马来报到，好运特地来关照，幸福常伴常微笑，欢欣袭来欢乐傲，万种如意陪元宵。元宵节快乐！

✽元宵节，花灯现，美丽景致在眼前；元宵节，吃元宵，粒粒汤圆圆又圆；甜蜜蜜，美滋滋，口齿留香回味久；短信送，祝福传，吉祥快乐到你手。祝元宵节快乐！

✽元宵节，吃汤圆，一个汤圆好运连连，两个汤圆身体康健，三个汤圆财源不断，四个汤圆青春常在，五个汤圆幸福永远，六个汤圆——再吃就成小猪啦。

✻元宵节里话元宵，元宵节里灯笼俏，元宵节里燃鞭炮，元宵节里送灯照，元宵节里祈福安好，家家户户喜欢笑，祝福声声传来到：万福富贵迎春潮！

✻元宵节快乐，送你个灯谜猜猜：劳动节国庆节打一成语，猜到了吗？好好想想，还没想出来？真笨呀你，答案：一五一十。祝你今年变聪明点啊。

✻元宵节来到，给你找点事做：给太阳安个开关，给黄河装个栏杆，给飞机挂个倒档，给长城贴上瓷砖，把长江水抽干！干完了我请你吃元宵！

✻正月十五正月正，正月十五闹花灯。花灯下面赏明月，明月皓皓梦儿圆。梦圆人圆庆团圆，团团圆圆幸福年！祝你元宵佳节快乐！

✻这条短信有魔力，阅读后一切的烦恼都“宵”去，所有的霉运都“宵”去，全部的苦难都“宵”去，独留快乐与幸福。祝你元宵节快乐“宵”遥！

情人节（二月十四日）

✻爱情公式：10%执着+10%想念+10%吃醋+10%疑心+10%甜蜜+10%心疼+10%幸福+10%嫉妒+10%脸红+10%撒娇=100%爱情。

✻爱情本无对与错，只有考试那么做。风赶残云云追月，蝶不畏刺花有约。爱恨情愁不能说，双丝网有千千结。风清云淡撩人夜，浓情蜜意情人节！

✻爱加爱等于非常的爱，爱减爱等于爱的起点，爱乘爱等于无限的爱，爱除爱等于爱的唯一。亲爱的祝你情人节快乐！

✻爱你无需甜言蜜语，只需我心中有你，你就是我的唯一，一条短信表爱你，字里行间传情意，你的感觉只有我在意，情人节我会让你更欢喜，情人节快乐！

✻爱情是一张永远旋转的唱片，爱情是一面永远不老的容颜，我迷在这唱片里，醉在这容颜中。愿我们的爱情永远长生，亲爱的，情人节快乐！

✻爱情如花，绽放春天；爱情如莲，娇柔百变；爱情如藕，丝丝连连；爱情如露，晶莹无染；爱情如我，真心不变。情人节这天一起去浪漫，不见不散！

✻把你设成电脑桌面，我上班能把你想起；把你设成手机屏幕，我下班后把你记起；但我还是不满足，我已把你存盘在心底，一百年不格式化，天天想你。你就是我的全部，情人节快乐！

※处方：情人节短信；成分：真心，诚心，文字；功能主治：增进恋人、夫妻感情；保质期：一生一世；禁忌：轻言别离；用法用量：一次服用，终生有效。

※对你，我已经无条件投降了。情人节到了，你就签下爱情合约吧，不然没人要我了！我已准备好将权利减半、义务倍增，100%全情投入爱你一辈子了！

※风，凋了花，谢了叶，褪去了春色；月，阴了晴，圆了缺，变幻了天际；我，见了你，爱了你，付出了真心。情人节，我愿与你携手，天涯伴此生。

※各位情侣，欢迎乘坐情缘航班，本次航班从恋爱机场起飞，途经浪漫站、甜蜜站、温馨站，将于情人节当日抵达幸福航空港，祝旅途平安、爱情美满！

※给你点阳光你就灿烂，给你点洪水你就泛滥。破锅自有破锅盖，丑鬼自有丑女爱，只要情深意似海，麻子也能放光彩！

※根据《中华人民共和国最新条例》规定：想你是我的任务，念你是我的责任，爱你是我的义务！我知道你不忍心看我坐牢，那就让我照顾你一辈子吧！

✽花香伊人，浪漫情人。携一束浪漫的玫瑰，表一片诚挚的真心，写一段温馨的小诗，品一回甜甜的往事，美好记忆，都在心底。2.14 情人节，短信表我心。

✽花开在叶的梦中，云飘在风的眼里，水流在岸的身边，你刻在我的心上。陶醉，馨香，芬芳，温柔，所有的词汇难以形容你的靓丽。情人节快乐。

✽花香飘荡，传递着喜悦的心情；细雨绵绵，描述着浓浓的眷恋；月光朦胧，挥洒着淡淡的愁绪；星光点点，编制着相思的情谊。情人节，祝你欢乐如意。

✽美女对面走，一眼心中留。这是一见钟情吗？我不知道！我只知道，这辈子我是彻底被你俘虏了！亲爱的，我爱你！

✽今天是情人“劫”，玫瑰劫我的钱包，而我要劫你的心，更要劫你的爱，最重要的是，我还要劫你的人，与我一起共度浪漫情人节！哈哈，亲爱的节日快乐！

✽枯草连天太苍茫，小路白杨一行行。牵手偶因手太凉，曾经一起看夕阳。夕阳挂在柳梢上，柳梢黄昏诉幽肠。情人节里玫瑰香，思念君处即天堂！

✻看到你，我怕触电；看不到你，我需要充电；如果没有你，我会断电。爱你是我的职业，想你是我的事业，抱你是我的特长，吻你是我的专业！情人节快乐！

✻好想做你的手机，揣在你的兜里；好想做你的水杯，捧在你的手里；好想做你的风景，看在你的眼里；好想做你的情人，记在你的心里。情人节快乐！

✻浪漫情人节，花香飘四方。情人不分老少，大家齐把节过。开心浪漫是本色，欢乐气氛凑热闹。送上祝福表我心，愿你甜蜜生活喜滋滋，情人节快乐！

✻玫瑰花瓣染指你的美丽，幸福在你的微笑中洋溢，满天繁星是我的思念点滴，你的气质让我着迷，看到你，给我平添爱的勇气。情人节只想说声真的爱你！

✻你的微笑是我前进的动力，你的深情是我成功的动力，今生能和你在一起是我最大的福气。如果有来生，我也祈求上天能让我和你再成为情侣。情人节快乐！

✻你不要再偷偷摸摸躲躲藏藏慌慌张张哭哭啼

啼了，快点投案自首吧！我会向丘比特求情的！你必须明白，爱上我不是罪过，快点向我示爱吧！情人节快乐！

✽恋爱是道菜：将情感放入缘分锅，淋上快乐油、撒把开心糖、倒瓶心酸醋、加入苦涩盐和五彩椒，燃烧岁月去煎熬，熬出百般滋味时，这道菜就出锅了。

✽你是车马我是路，你是砖瓦我是泥，你是风儿我是云，你是钱包我是人民币，2012 情人节，说句实话告诉你，生活有你真精彩，我们一起创未来。

✽你和我会是哪种结果呢？一、卿卿我我；二、白头偕老；三、天长地久；四、每个情人节都一起过；五、以上答案都正确。请速回短信确认。

✽你来自云南元谋，我来自北京周口，让我牵起你毛绒绒的手。爱情，让我们直立行走！

✽情深深，雨蒙蒙，2.14 送祝福；要快乐，要幸福，爱情火焰烧心头；感情一浪高一浪，彼此携手永长久。情人节，亲爱的祝你节日快乐。

✽情人的话，令人心动；情人的笑，令人心醉；情人的眼，摄人心魂；情人的吻，心灵芳菲；情人的泪，温润陶醉。愿天下有情人终成眷属。

✻情人，2012 年抗通胀必需品，升值潜力高于楼市，融资效力胜过股市。啥也不说了，除了情人，神马都是浮云。我的祝福，你懂的。情人节快乐！

✻情人节提醒：傻气的送点花草；俗气的喝足吃饱；无聊的跳跳舞蹈；胆大的搂搂抱抱；疯狂的就地放倒；胆小的发个信息问好！预祝情人节快乐！

✻情人节到达，我们一起浪漫，抓紧时间享受吧，我来把短信发，愿我们每天乐哈哈，艰险困难都不怕。有道是：古道西风瘦马，夕阳西下，我还在等你电话。

✻情人几时有？短信问朋友。不知周围人群，结婚有没有？我欲寻她而去，又怕错过机会，心底不胜寒。一杯薄酒尽，短信频频传，愿你能收到，开心就回转。

✻情人节，上天感念我的诚意，特满足我：做你的一件衣服。不管上衣、球衣、衬衣、下衣或者是帽子和鞋子，都要一直跟随你、不离不弃、永远和你在一起。

✻清清溪水间人相嬉，朗朗月光下人相随，灿灿花丛中人相拥，微微晨风里人相偎，恰如一首歌令人痴迷，好似一幅画令人心醉。愿天下情人成双成对！

✽青春不常在，抓紧时间谈恋爱。抓紧时间谈恋爱，谈到世界充满爱。谈到世界充满爱，这个情人节你还不赶紧去表白？带着我们的祝福，向幸福冲刺吧！

✽骑白马的不一定是王子，也有可能是唐僧。爱情就是：在对的时间对的地点遇见了对的人！上天安排的姻缘就好好珍惜吧！祝你情人节快乐！

✽亲爱的，医生说我得了相思病。药方如下：热吻三次 + 情人眼泪三滴 + 永恒的爱情熬炖一辈子。我想，只有你能救我了！情人节你来救救我吧！

✽让浪漫飞一会，在情人节的天空；让甜蜜飞一会，在玫瑰花的海洋；让幸福飞一会，在爱你一生一世的诺言。情人节快乐，让短信飞一会到你的手机。

✽如果这一生我可以有1000次好运，我愿意把998次都分给你，只留两次给自己；一次是遇见你，一次是永远陪你走完一生一世！亲爱的情人节快乐！

✻思念是盛开的花，花香弥漫，沁人心田；祝福是甘醇的酒，酒香飘荡，回忆甜甜；关怀是闪亮的星，星光闪烁，传递思念。情人节来临，祝你幸福甜蜜。

✻送花只是形式而已，但我却把保护你当做我最重要的工作；情调做给人看而已，但我把对你的宠爱当做我一辈子的职业。亲爱的，我爱你！让我爱你一辈子吧！

✻世间本无沙漠，我每想你一次，上帝就落下一粒沙，从此便有了撒哈拉！这世界本来没有海，只因为我每想你一次，上帝就掉下一滴眼泪，于是就有了太平洋。

✻山外青山楼外楼，哥哥身体壮如牛，春风吹得哥哥醉，只把恐龙当靓妹。亲爱的，情人节快乐。

✻条条短信传相思，字字牵挂只为你，声声问候暖人心，句句祝福沁心脾，时逢2月14日，情人节将来临，一条短信表真心，千真万确想念你。

✻天可老，地可老，你我爱情终不老。情可尽，意可尽，你我相爱永不尽。虽然前世不相逢，纵然来世不相见，今生我们是唯一，即可无憾到永远。亲爱的，节日快乐。

❋天苍苍，地茫茫，天天都为爱情忙；人渺渺，心凉凉，除了工作就是恋；日慌慌，夜怅怅，倚床老想你模样；月朗朗，星亮亮，让你我情人节配成双。

❋趟过爱情河，心中多婆娑。翻越爱情山座座，奔赴爱的暖窝。面对百态生活，爱情来斟酌。幸福情侣多快乐，愿你就是其中的一个！情人节快乐！

❋我的心只剩一半了，另一半在你那里；我的手只剩一只了，另一只在紧紧地拽着你；我的人只剩一半了，另一半我在紧紧地追随着你。我的思念只剩一半了，另一半已被吹到风里。2 月 14 日就是情人节了，说实话，快乐的感觉，就是天天和你在一起！

❋我羡慕你发鬓间的那个发卡，我嫉妒你时常爱抚的那只猫猫，我愿意变成你小心翼翼捧起的那个水杯，变成你倾诉心情的那个布偶。情人节，接受我的爱吧！

❋我有一个梦想，我好想做你的水杯：每天起来亲吻我，上班上学带上我，口渴心里想着我，时刻手里捧着我，一天也离不开我，生生世世恋着我。

❋我错过了你的过去，但绝不会遗漏你的未来，我陪在你的身边，一起分享着快乐与甜蜜。不管风多大，无论浪多高，我都永远和你在一起，不离不弃。

✻想你是纯净的空气，伴着我每一次呼吸；我就是你的领地，心房踏满你的足迹；时间穿梭在冬季，你就是雪花，完美得具体。2.14 情人节，说一声好爱你！

✻想念你笑颜如花，将你深深迷恋；想给你万千繁华，将你浓浓爱恋；想给你日日温暖，将你时时保护；想给你刻刻关怀，将你久久拥抱！情人节快乐！

✻西楼望月月如钩，寂寞情深深锁愁。我多想飞到你的身旁，让你感受玫瑰的芬芳。无奈佳节难聚，别有一番滋味在心头！祝你节日快乐，想我，念我！

✻想要玫瑰花吗？我偏不给你！想吃巧克力吗？我馋死你！想让我吻你吗？美死你！噢——亲爱的，别生气，我只是想逗逗你！祝你情人节快乐！

✻心情预报：今夜到明早想你，预计下午转为很想你，受此情绪影响，傍晚将转为暴想，此类天气将持续到见你为止。亲爱的，祝你情人节快乐！

✻有情才有爱，有爱才有情，明日二月十四日，古今情人佳节日，送上祝福加问候，幸福开心愿你有，情人陪伴享时光，朋友相伴一起玩，情人节快乐！

✻与风飞舞，是雪花的幸福；与花相偎，是绿叶的庆幸；与云相伴，是天空的夙愿；择流而居，是游鱼的选择。又到2月14情人节，想念与你相处的幸福时刻！

✻缘份是不变的归依，相思是不舍的依恋，相爱是不移的意志，浪漫是不懈的追求，牵挂是不分的彼此，爱人是不老的容颜，爱情是不朽的神话。预祝情人节快乐！

✻有一片天涯叫咫尺，有一亩桑田叫沧海，有一束爱情叫至死不渝，有一股思念叫刻骨铭心。我愿在你的天涯里，守护桑田散播思念果实，期待爱情玫瑰开花。

✻夜朦胧，月半弯，西风杨柳卷凄寒，情人佳节独往还；长相思，见亦难，一夜孤寂独自眠，一条短信送伊人，今日情人节，我们共欢庆。

✻一朵玫瑰，两心相印，三盏红烛，四目明媚，五份好礼，六番追忆，七月真情，八方温馨，九九情缘，十分眷恋。情人节里，愿你和相爱的人，相爱永远。

✻有情人终成眷属，没情人数不胜数；痴情人风雨无阻，薄情人如狼似虎；豪情人以我为主，寡情人自甘清苦；多情人疲于应付，真情人非你莫属！

✻知道情人节我想吃什么吗？煮你，炒你，清蒸你；烤你，焖你，红烧你；炸你，煎你，凉拌你！10 秒钟内给我答案！情人节快乐！

妇女节（三月八日）

✻从现在开始为了迎接三八妇女节，所有男同胞应该响应号召：随传随到！温顺如猫！主动提包！自觉问好！以今天为女性做了多少贡献而骄傲！

✻春光融融，草长莺飞，美丽节日，熠熠生辉。各位姐妹，别太劳累，放松心情，快乐作陪。抛掉琐碎，做好准备，打扮妩媚，享受生活好滋味。三八节快乐！

✻厨房里你是爆竹花，煎炒烹炸，噼噼啪啪；对老公、孩子你是茉莉花，温柔关爱、芬芳、豁达；工作上你是仙人掌花，坚强、乐观、坚忍不拔。祝妇女节快乐！

✿多歇歇，别太累；到时吃，按时睡；看上就买别嫌贵，绝不和环境作对；得空与友聚聚会，既有清醒也有醉，生活就是这样美！

✿都说男人责任大，撑天又顾家。都说男人最伟大，忙着挣钱养家。都说男人胆子大，除了怕老婆和妈！男人生命中的两个女人：节日快乐！

✿二十岁的女人比脸蛋；三十岁的女人比智商；四十岁的女人比财富；五十岁的女人比健康！三八妇女节到了，愿你节日快乐，比什么都比得过！

✿房间今日我打扫，老婆你莫再操劳；饭菜今日我来烧，老婆请把腿儿翘；今日我将茶水倒，老婆只需把手招；家务活儿我全包，愿你整日微微笑！祝老婆妇女节快乐！

✿妇女节到了，祝你成为真正的“富”女，精神富：不顾影自怜，乐观开朗；爱情富：常拥有甜蜜，自信自我；事业富：与梦想做伴，独当一面。祝妇女节快乐！

✿给你出道算式题，测试一下你的智力，若能在一分钟之内回答正确，证明聪明的人是你：1+2+3+4+5+6+7+8+9-7=？哈哈，好聪明！算出了吧，38快乐呀！

✻古往今来，后宫佳丽三千，杨贵妃却只有一个；印度能歌善舞才女无数，泰姬陵也只有一个。世间美女数不胜数，你却只有一个！提前祝你三八妇女节快乐！

✻给你一点颜色你就开始发亮，给你一点油脂你就发胖，给你一朵玫瑰你就头昏脑胀，给你一声问候你就心花怒放，给你一声祝福你就不知所向。祝你三八女生节快乐哦！

✻好女人让人心旷神怡，好女人让人始终开心，好女人让人一直惦记，好女人给人无限温馨，好女人像你，端庄典雅，窈窕淑女。妇女节，祝你一辈子年轻美丽！

✻今日春光明媚，女生召开大会。早已不是旧社会，姐妹们有地位。家庭事业兼顾，智慧美貌一身。作为其中一位，祝你：妇女节快乐，收获更多的美！

✻今天三八妇女节，老婆心里乐开颜；老公忙里又忙外，家里还要陪笑脸；愿你节日放轻闲，一天开心如神仙。

✻今天是妇女节，我决定不管用多长时间，工程有多浩大，操作有多复杂，也不管花费多少钱，我也要给你发一条短信向你致以节日的问候，祝节日快乐！

✻姐妹儿，所谓女人不狠，地位不稳！三八妇女节快要到了，我们要狠狠爱！狠狠享受生活！狠狠放松！狠狠犒劳自己！狠狠向前！狠狠幸福！狠狠快乐！

✻今天是三八妇女节，我要做的是以下几条：一、太太永远是对的。二、如果太太错了，请参考第一条。

✻今天，菜市场谢绝女性顾客，厨房仅供家庭妇男使用，端茶倒水、洗衣叠被、搬运保洁、站岗放哨全由男士承包，先别心花怒放，待遇仅此一天。妇女节快乐！

✻女人如山，山清水秀；女人如水，水波潋滟；女人如风，风过无痕；女人如花，花开不败。三八妇女节到了，祝你美丽无敌，青春永驻！

✻老婆你好，咱家你是大领导，妇女节真好，你过节，我劳保。

✻每一次悲伤都是您为我抚平心伤，每一次生病都是您为我煮药炖汤，每一次挫折都是您为我加油鼓掌，老妈，三八妇女节，我要祝您健康。

✻没有你世界会崩塌半边，有了你世界会乐翻天；遇到你之前，世界是一片荒原，遇到你之后，世界是一个乐园；因为有了你，世界变得好美丽，你是我生命中美好的奇迹。亲爱的，妇女节快乐！

✻女人如花，艳丽整个世界。母亲是太阳花，带来温暖；妻子是兰花，带来安宁；恋人是玫瑰花，带来激情；女儿是桃花，带来灿烂。三八节，愿你更鲜艳。

✻男人主外女主内，那是时代在倒退。谁说女士半边天，那是万恶旧社会。今日三八节，天下女人都万岁。从此女士昂首走，石榴裙下男人跪。

✻你的一笑，使我心跳！你的一看，世界震撼！你的一站，交通瘫痪！你不打扮，已很好看！你一打扮，宇宙惊叹！美女，三八节快乐啊！

✻你的笑，比过蒙娜丽莎；你的美，颠倒红尘众生；你的气质，折服万千美女；你的端庄，超越女神雅典娜；你的今生，享受瞩目和荣耀。妇女节愿你过得开心！

✻千喜万喜今日贺喜，千依百顺今日万顺，老婆，今天是你的节日，你要好好休息，不要为了做饭着急，一切由我算计，三八妇女节，今日你最大，我爱你。

✽亲爱的老婆我爱你，嘴巴想吻你，眼睛想看你，两手想抱你，心里总是想着你，梦中拥着你，今生全依你，绝不委屈你。祝三八节快乐！

✽亲爱的，在特别的女性节日里，希望你皱纹少一点、白发少一点、腰围细一点、人更漂亮点，打麻将赢钱多一点，当然还有——啰嗦少一点，节日快乐！

✽祝亲爱的美女，三八节漂亮点淑女点，聪明点可爱点，好运点发财点，苦稀点喜稠点，乐多点烦少点，哭少点笑多点，还要孝顺点。

✽如果漂亮是一种罪，你已经罪恶滔天！如果气质是一种错，你已经一错再错！如果智慧要受惩罚，你岂不是要千刀万剐？祝天下第一美女三八节快乐！

✽三八妇女节，忙碌知多少，今日要休息，老公要扛好，扫地擦地洗衣服，买菜做饭带孩子，为了半边天的晴朗，广大女性请相互转发此短信得解放。

❋三八节告诉你幸福女人的秘密：豆蔻年华时有人追，花容月貌时有人恋，风情万种时有人懂，风韵犹存时有人迷，徐娘半老时有人爱，人老珠黄时有人陪。

❋三八三八，盼你事业成功又大发；三八三八，祝你生活多彩美如画；三八三八，望你才若诸葛人人夸；三八三八，愿你每天快乐笑哈哈！三八节愉快！

❋三月八，送你四朵“好花”：祝你身材好，婷婷玉立立似花；祝你心情好，快快乐乐乐开花；祝你视力好，明心亮眼眼不花；祝你财运好，随时随地随便花！

❋三八节到，我借助这条短信，祝你日子乐开花，浪漫如樱花，美丽胜鲜花，吉祥似雪花，富贵赛牡丹花，运气逢桃花，芬芳攀过茉莉花！

❋三八数你最得意：商场得意，情场得意，牌场依旧春风得意；三八数你最风光：事业风光，爱情风光，处处风光，亲人朋友跟你一道风光！

❋三八妇女节，送美女三美：心情美、爱情美、容颜美；送美女八意：如意、顺意、美意、情意、爱意、心意、春意外加我的友谊，祝美女三八妇女节快乐！

✽水是有源的，树是有根的，我对老婆的爱也是一往情深的；对你爱得真，对你爱得深，给你发条短信也是有原因的。祝你妇女节快乐！

✽送你一束花，感谢你操劳这个家；给你做桌菜，谢谢你给我的爱；给你煲锅汤，祝你永远都健康；晚上再喝点红酒，咱两相爱到永久。祝节日快乐！

✽甜美的笑容是你的语言，温柔的举止是你的名片，不管淹没在多少人中，你也会让人一眼认出你，认出你优雅的身姿，认出你脱俗的美丽。美女，妇女节快乐！

✽听说，和漂亮的女人交往养眼，和聪明的女人交往养脑，和健康的女人交往养身，和快乐的女人交往养心！和你交往，全养了！祝完美的女人妇女节快乐！

✽温柔的女人是金子，漂亮的女人是钻石，聪明的女人是宝藏，可爱的女人是名画。据考证，你是世界上最大的宝藏，里面藏满了金子、钻石和名画！

✽为了家庭和睦，为了人际安全，为了科学发展，为了社会和谐，为了生态平衡，为了世界和平，最重要的是，为博佳人一笑，谨祝女士们：节日快乐！

✻又是一年三八节，美女不歇谁该歇？家务活，全拒绝；班不上，钱来花。玩就玩个高高兴兴，乐就乐个真真切切，祝你天天都过节！妇女节快乐！

✻以想念美女为荣，忽略美女为耻；以关心美女为荣，不理美女为耻；以赞美美女为荣，贬损美女为耻；以联系美女为荣，忽悠美女为耻。祝美女三八节快乐！

✻一八得八，二八十六，三八妇女节，祝全天下的老美女、大美女、小美女三八节快乐哟！收到我的短信请大笑三声，你就会事业发、发、发，爱情发、发、发！

✻远方有佳人，妖娆且美丽。粉面如开莲，素肤若凝脂。顾盼留光彩，长啸气若兰。一笑倾城姿，再笑万人迷。要问她是谁？就是看短信的你。三八妇女节快乐！

✻已婚男性切记了：今日妇女节了，好好表现了，采购做饭了，洗衣擦地了，不是你的活现在也要干了。否则老婆真“三八”了，你就完蛋了！

✻一拜天地，从今受尽老婆气；二拜高堂，为她辛苦为她忙；夫妻对拜，从此勒紧裤腰带；送入洞房，我跪地下她睡床。唉——我是绵羊她是狼！

祝老婆妇女节快乐！

✽值此三八女人节来临之际，愿所有的和尚为你蓄发，所有的王子打你的电话，所有的帅哥给你送花，所有的男人为你变成傻瓜！愿看信息的美丽女人节日快乐！

✽祝所有的女同志三围魔鬼化、收入白领化、家务甩手化、快乐日常化、爱情持久化、情调小资化、购物疯狂化、情人规模化、老公奴隶化。

✽在三八节来临之际，向长期战斗在试衣间，看韩剧，不做饭，常上网，爱聊天，魅力十足，梦想连篇，并掌握老公钱包的老婆致以节日的问候！

愚人节（四月一日）

✽别人说你笨手笨脚的，我相信傻人有傻福。别人说你呆头呆脑的，我相信痴心妄想有时也能美梦成真。别人说你蠢的不开窍，我知道大智若愚就是你的法宝！

✽不是每一朵花都能代表爱情，但是玫瑰做到了；不是每一种树都能耐得住渴，但是白杨做到了；不是每一个傻子都能收到短信，但是你做到了！节日快乐！

❉不管今天你是要去整人，还是要遭遇被整，都祝你愚人节快乐！一年才一次，无论整与被整都当平淡日子的开心一刻吧！

❉把天真尘封，把活泼捆绑，把自由放飞，把聪颖打包，让幸福无可救药，只释放一点点愚钝和无知，行走江湖。亲爱的朋友，愚人节快乐！

❉从前有一姑娘叫乔妮娜，她和一个叫沙德的相爱了，他们在一起看星星。当流星划过天空时，他们将这颗流星命名为：乔妮娜沙德星。祝你愚人节快乐！

❉当你身背一张弓一支箭，走进一个又深又窄的峡谷深处，发现前面有一只狼，后面有一个鬼。请问：你是射狼还是射鬼？无论你是啥，都祝你愚人节快乐哦！

❉东山脚下的瓜叫冬瓜，西子湖畔的瓜叫西瓜，南天门外的瓜叫南瓜，尼斯湖边沙地里的瓜呢？笨，“尼斯沙瓜”呗！祝你愚人节快乐！

❉烦躁时，你对我免打扰；思念时，你亲我的耳梢；无助时，你对我声声问好；快乐时，你伴我手舞足蹈；没有你，我不知如何是好！愚人节说声谢谢你：手机。

✲非是是非谓之愚，以非为是是愚，以是为非还是愚。不管是是是非非，还是非非是是，该是就是，该非就非，非即是是，是即是非。愚人节快乐！

✲风撩起你的长发，你显得更潇洒！浪花拍打你的脚丫，你显得更无暇！你迎着东方的朝霞，就像一朵海浪花！不是熟人，很难看出你是傻瓜！愚人节快乐！

✲工作轻松不累，收入振翅高飞，情人预约排队，天天精力百倍，快乐如影相随，烦恼全部作废，为啥生活这样美？白日做梦别浪费！愚人节快乐！

✲今日愚人节，特颁愚人令；学声小狗叫，心情很美妙；朝天笑三声，好运不会停；劝你快执行，快快来出行；要问此为何？傻子不听命，愚人不听令。

✲联合国节日委员会发表报告，愚人节属于有以下症状人群的节日：一、反应迟钝；二、呆滞；三、经常傻笑。你的表现完全符合以上条件，预祝愚人节快乐！

✲明天是你的节日，我要对你提出忠告：为了幸福快乐的日子过得长久，不要贪吃不要贪睡，锻炼身体不要长膘，千万不要到了出栏时才后悔。

✻你的爱好是逛街，看见美女口水咧；养的宠物是只鳖，居然会学羊叫咩；你的梦想是当爹，不用工作天天歇。快过节了，预祝：愚人节快乐！

✻你被列为五宗命案的嫌疑人，警方请你协助调查。五宗命案分别是：你长相笑死人，举止乐死人，气势压死人，智商笨死人，笑容迷死人。愚人节快乐！

✻你生气就像天使在撒娇；你跳舞就像天鹅伸懒腰；你走路就像鸳鸯在做操。你的妖娆藏着刀，你的妩媚比过猫，说实在的，你美得像只妖！愚人节快乐！

✻你天生脑袋带漩，脸黑五指不见，两片菜叶掩面，江湖飞壁走檐，闹得鸡飞狗跳，美女见了傻眼。自认丐帮老大，实住精神病院。如若不服此言，愚人节再见！

✻朋友中我最羡慕你，温和善良好脾气，勤奋肯干能赚钱，身体健康无病疾，领导夸奖同事赞，无烦无恼笑眯眯，还专门设了个愚人节，大伙都给你发信息！

✻是真金，永远不怕熊熊的火焰；是青松，永远不怕漫漫的严寒；是海燕，永远不怕划破天空的闪电；是笨蛋，依然盯着短信傻傻地看！祝你愚人节快乐。

✻沙僧说：我有16变！八戒说：我有32变！悟空说：我有72变！唐僧大怒：西天路上也没见你们变个电话，看人家妖怪都拿手机看短信呢！愚人节快乐！

✻收到信息抖精神，教你如何来做人，读读信息变傻人，不转你会成呆人，删除证明你是痴人，回复表明你没成人，这条信息为整人，愚人节里送愚人。愚人快乐哟！

✻我每天都会向佛祖祈求得到一枝持久盛开的玫瑰花，等到九百九十九朵的时候一起送给你并动情地说：小样儿，我就不信招来的蜜蜂不蛰你！愚人节快乐！

✻性感的你草地上走，牛儿急的口水流。漂亮的你大桥上走，江河呜咽水倒流。妖娆的你山路上走，白骨精吓得不出洞。祝你愚人节快乐无忧！

✻寻狗启事：本人丢失纯种小白狗一只。特征：聪明伶俐，善解人意，身上带一部手机并在查阅短信，爱狗看过信息后，速给主人回信息！主人现在好想你！

✻小时候，咱俩两小无猜，我唱歌你伴舞；我能唱两百支歌，你就能跳两百支舞。所以人们亲切地称我为二百歌，称你为二百舞。祝你节日快乐！

✻心理测试：如果你和狗熊赛跑，你希望：1. 你跑得快；2. 一样快；3. 你比狗熊慢……答案：1. 你比禽兽还禽兽；2. 你就是禽兽；3. 你禽兽不如！愚人节快乐！

✻有句话不知当讲不当讲，因它牵涉到难言的隐私；有件事不知该不该联系，但与你太重要了。我经过激烈的思想斗争，终于鼓足勇气说：你的节日愚人节快乐！

✻愚人节到，高明的骗金骗银骗钞票，浪漫的骗情骗爱骗拥抱，傻气的骗骗小狗逗逗鸟，弱智的上当还在笑，呆头呆脑的看着短信说：哇塞，我可要小心！

✻由于移动公司进行网络升级改造，会造成你的手机由于信号不好无法接通，遇到这种情况，请将手机放入开水中泡五到六分钟。祝愚人节快乐！

✻有这么一道方程题：A = B，B = C，其中 A 代表动物，B 代表猪，C 代表你。请问你 = ？听说不会这道题的人都要过节日。4 月 1 日祝你不过愚人节。

✻“愚”乐圈潜规则：人不愚我，我要愚人。让部分人先愚起来，先愚带动后愚，大家愚才是真的愚。与其自“愚”自乐，不如授人以“愚”。你愚，我乐！

✻有个朋友说你胖胖的，可爱得像只小猪，我听到后非常生气，毫不客气地为你反驳道：你开玩笑吧，有哪只小猪是只会抓老鼠，还不停掉毛的么？

✻有句名言叫难得糊涂，有句俗语叫吃亏是福，有个故事叫愚公移山，有个笑话叫傻汉娶了俊媳妇。智也罢愚也罢，快乐是第一要素。愚人节，祝愚人幸福！

✻一只猪和一只企鹅被关在零下 20 摄氏度的冷库里，第二天企鹅死了，猪没事。为什么？你不知道？对了，猪也不知道！

✻有一种人可以和我生生世世，叫情人；有一种人可以与我血浓于水，叫亲人；还有一种人被我卖了还在帮数钱，例如看短信的你，就叫愚人！祝节日快乐！

✻做家具的是木材，懂诗词的是秀才，众人想的是钱财，被培养的是人才，女人要的是身材，发消息的是天才，正看短信的是蠢才。愚人节快乐！

✻尊敬的用户，因您的手机外型难看，式样过时，已严重影响市容市貌，且阻碍通讯业务的发展，本台决定于10分钟后发射信号摧毁该手机！祝您节日快乐！

✻在你的眉宇间我看到沧桑，在你的眼中我看到自信，在你的额头我看到岁月，在你的唇齿间我看到韭菜，快去刷牙！

清明节（四月五日）

✻脆弱的不仅仅是瓷娃娃，还有生命；眨眼间变化的不仅仅是气候，还有结局。莫要太执着，学会放开你会更开心。清明节，愿你忘记过去，永远开心！

✻春风春雨春意浓，人面桃花相映红；风筝已上碧云天，人倚秋千笑心间；清明踏青惬意游，发条短信问你好。

✻复苏万物迎清明，缅怀故人祭清明，珍爱生命言清明，生死并置真清明。知道吗？这才是清明节的人文精神：一纪念感恩，缅怀故人；二维护新生！

✻工作节奏太快，生活实在太累，转眼春季到来，外面阳光明媚，约上好友相约郊外，踏踏青挖挖野菜，马上出发，别再等待，祝你清明小长假过得愉快！

✽怀念你的好，怀念你的笑，怀念你的拥抱和那身上淡淡的味道。朋友，清明节来到，愿我们诚信缅怀逝去的先人，继续更加勇敢地生活！

✽记忆的潮水慢慢地涌来，逐渐淹没我对你的思念。我知道，你的离去，我无法挽留。唯一能做的是放开胸怀，更好地生活，才是最实在的选择。

✽见也不容易，别也不容易，聚也不容易，散也不容易，泪洒相思地，魂牵梦也系。在这个大鬼小鬼全会出动的日子，祝你清明节快乐！

✽你悲伤，或者流泪，已发生的不会改变；你努力，或者奋斗，时光前进不会倒退；你失意，或者欢笑，生活依旧在继续。清明节，忘记过去，迎接新未来！

✽清明至，祭先祖。携家人，去扫墓。缅怀意，深情诉。人生路，莫停步。勤梳理，多回顾。平常心，把握住。柳色新，春莫负。多保重，情如故。

✽清明节到，我祝愿：山川大地一清二明，江河湖海一清二明。祝愿你：精神清爽一清二明，做事有序一清二明，生活事业一清二明！

✽清明时节来踏青，赏花观景好心情；植树成林好遮荫，美化环境一份力；寒食日里吃鸡蛋，破壳重生好前景；清明节里放风筝，赶走晦气来好运！

✽清明节，雨纷纷，话养生，多珍重；踏青游，好时节，防过敏，花草远；蚊虫叮，要防护，讲卫生，防疾病；休息好，精神佳，心情好，更健康！

✽清明时节雨纷飞，思念浓浓泪儿飞，烦恼忧愁在放飞，关怀问候在乱飞；祝福话语要放飞，快乐好运到处飞，精彩生活在腾飞，美好未来要起飞。祝幸福美满！

✽清风吹，柳叶飘，祝福传，到心窝；雨绵绵，润万物，温情暖，多珍重；朋友情，不减少，情谊浓，关怀送；清明至，踏青好，邀你共，幸福路。

✽清明小长假到，手边工作早放下：走一走，散去身上烦与忧；抖一抖，精神抖擞更轻松；忘一忘，微笑时刻记心上。清明小长假，祝你幸福乐悠悠！

✽清明时节雨纷纷，祭祖扫墓心诚恳。一扫烦恼心情好；二扫霉运好事来；三扫单身爱情甜；四扫贫穷财富多；五扫病痛身体棒。

❀清明过后谷雨临，春色处处万象新；百花绽放思老友，短信一条表我心；快乐多至烦恼去，金钱幸福常光临；更愿健康与好运，永永远远陪伴你！

❀如果你有心愿藏在心里那就说出来吧，如果你有梦想藏在心里也说出来吧，他们都会实现的，至于是什么时候，鬼才知道。哈哈，清明节快乐。

❀送你清风，表我相思；送你明月，表我祝福；送你星光，表我惦念；送你月光，表我情谊。清明来临，送你短信，表我心意，忘却烦恼，快乐自在满天飞。

❀逝去的，虽已消散，记忆依旧存在。忘却的，是伤痛，不忘的是怀念。选择遗忘那伤心的种种，对你的思念永存心头。清明节来临，愿你忘却烦恼无忧愁。

❀替你拂去晶莹的泪水，让你的忧愁随风飘散；帮你抚平受伤的心扉，让你的伤痛逐渐变浅；送你一句关怀的祝福，让你的快乐愈加明显。清明节，愿你无忧愁！

✻许多早已消失的人或事，突然在这一天变得清晰。凡尘往事中的种种，重新在我眼前展现。对你的怀念，依旧在心底。扬起希望的帆，生活还是得继续。

✻用通达的心对待生命、对待生活；用快乐的心感染生命、感染生活；用感恩的心感激生命、感激生活。清明节，关爱生命、开心生活，祝大家节日快乐！

✻有些往事不能从头再来，有些先人已悄然离开，有些思念还不能释怀，有些爱依旧在心间。逝去的已回不来，好好珍惜现在，笑对未来，必有春暖花开！

✻阵阵春风吹绿，缕缕春光明心；丝丝春雨润物，声声问候暖情。清明节了，只言片语伴随你，愿你照顾好自己，关心亲人和好友，祝你节日快乐！

✻祝愿适逢清明节，你我情谊深似铁，清澈见底山涧水，明朗如昼月半夜。佳期苦短离别长，节日欢聚不愿歇。快马加鞭创事业，乐观心态看一切。

✻注意，你身后有人在跟踪你，不信你就回头看，哈哈中计了吧，今天是清明节，我刚从鬼朋友那学来的鬼话你也敢相信！

劳动节（五月一日）

❉白云飘荡风的记忆，鲜花绽放春的美丽，沙滩记录浪的痕迹，短信传递我的信息。哥们儿，五一节日在眼前，准备请我去哪玩？

❉把大海中的每一滴水，都换成你的好运；把天空中的每一朵云，都转成你的成功；把手机里的每一句话，都变成对你的祝福，提前祝你劳动节快乐幸福。

❉春种秋收，是农民的收获；学业有成，是学生的收获；经营有方，是商人的收获；我的祝福，是你的收获。今年五一，祝你收获幸福生活，快乐多多！

❉春风喜迎劳动节，舒展眉头度五一；繁忙工作终得歇，劳累之余开心些；带薪长假心欢喜，尽享回报笑嘻嘻。祝劳动节快乐！

❉春节到了，收到了无数条祝福我好感动；情人节到了，收到一大束玫瑰我好心动；五一节到了，收到一大堆结婚喜帖我好心痛……祝大家五一快乐！

✽窗外春光明媚，风儿令花陶醉，五一祝福要传递：一祝健康身体好，二祝快乐没烦恼，三祝升职步步高，四祝发财变阔佬，五祝好运跟你跑。

✽吃饭要动口，穿衣得靠手，回家需爬楼，散步您得走。天生好手，不动也没用；天资聪慧，不思等于没有。美好生活要靠脑和手，五一节，与懒惰永别！

✽根据我们这里《五一节特别法》规定，判处你快乐无期徒刑，剥夺郁闷权利终身，并处没收全部寂寞和烦恼，本判决为终审判决，你无权提起上诉，立即执行！

✽花瓣飘落是想跟风而舞，黄叶飘零是想春风来度，咖啡变浓是因牵挂的苦，流星陨落是因我的许愿化作祝福。想对你说声：劳必有获，你定会幸福！

✽红花香，青草绿，快乐生活拥健康；友情酒，惦记茶，辛勤工作定发达；多开心，少忧愁，幸福相陪到永久。祝福全家五一劳动节快乐。

✽今天劳动节，花儿含苞，蝶儿在闹，我的短信把祝福送到：祝你劳动过后身体棒，假期过后精神旺，天天握着财神手，健康快乐向前走。

✽今天劳动节，花儿在笑，鸟儿在叫，心儿在跳，发发短信把你手机闹：愿你走上发财高速路，进入升迁快车道，跨越好运路，穿过平安巷，到达幸福终点桥！

✽节日即将来临，短信送来关怀：旅游不要太累，潇洒切忌疲惫，饮酒莫要开车，平安牢记心间，佳肴荤素搭配，身体健康无恙，五一幸福快乐！

✽掬一捧春水，扬一缕春风，采一束鲜花，寻一方新绿。节日到来之即，愿你心如春水、笑如春风、艳若鲜花、容若翠景。五一快乐！

✽鉴于你的良好表现：早晨不起床，天天不洗脚，鞋袜随处放，是活不会干，就会瞎嚷嚷。特颁发个“最不会劳动奖”给你，祝你五一快乐！

✽流淌不尽思念绵绵，心情是快乐的源泉。走过四季迎五一，让祝福的心灵为你舞动翩翩，祝五一劳动节快乐。

✽美丽的、善良的、仁慈的、勤劳的、万能的你啊，五一节到了，你有木有想我啊，等待回复的心伤不起啊，伤不起！祝你五一劳动节快乐！随便想想我吧！

✻忙忙碌碌要停歇，春风吹来劳动节。生活就要开心些，给你思念不枯竭，祝福拥有新世界，快乐伴你不换届，幸福陪你永不谢。

✻劳动节就要到了，提前祝我们这些上班上得抽筋、加班加得抽风、干活干得抽搐、领钱领得抽泣、要假也得抽空的劳动人民节日快乐！

✻劳动节嘛，你这个平时不爱劳动的家伙，今天要好好表现：玻璃你来擦，地板你来拖，衣服你来洗，碗筷你来刷，争取评个劳模！

✻劳动诚可贵，休息价更高。若为前途故，两者不可抛！劳动是为了更快地成功，休息是为了更好地劳动。五一到了，让身体休息，给心灵放个假！

✻劳动节还在继续劳动，证明你违反公司规定；劳动节还在认真工作，证明不看领导指示；劳动节还在拼命加班，证明你要把上级推翻。还不赶快休息呀！

✻努力定会有结果，思念化成大苹果。问候仿佛大白菜，生活工作都愉快。呵护满杯白开水，快乐幸福一直陪。祝五一劳动节快乐！

✻你是书本我是包，你是耗子我是猫，你是木头我是胶，你是肉来我是刀！既然关系这么好，五一吃饭你来掏。

✲勤劳致富比较难，汗水摔成八个瓣，奔波劳累没有完，收获时节笑开颜，发财不能良心坏，有钱无德品质差，半夜最怕鬼敲门。祝五一劳动节快乐！

✲钱是把双刃剑，能买到房子但买不到家，能买到婚姻但买不到爱，能买到钟表但买不到时间。五一节前把你的钱给我，让我一个人承担痛苦吧！

✲送你阳光，替你把疲惫蒸发；送你细雨，替你把劳累冲刷；送你流星，替你带去好梦。忙碌的日子好好照顾自己！

✲生命的色彩，用汗水涂抹；执着的追求，耐得住寂寞；花开花落间，将种子撒播；风雨洗涤后，去收获硕果；记忆中有你，感动不曾消磨。祝五一快乐！

✲身为男子汉大丈夫，我们在五一节来临之际向霸权主义老婆大人抗议，将“劳工节”改为“老公节”！什么?!竟敢不允许？那……我还是去做家务吧。

✲五一谐音无疑。收到短信无疑你是快乐的，快乐无疑就是幸福的，幸福无疑就是友爱的，友爱长存无疑是最快乐的。祝你五一快乐无疑！

✻五一祝福有高度，珠峰顶上酿情思；五一祝福有深度，大洋底处写问候；五一祝福有长度，70字后省万语；五一祝福有宽度，老少皆宜都传递。

✻五一节到了，希望你展一展紧蹙的眉头，看一看开花的枝头，望一望小河的前头，坐一坐老农的炕头，游一游青翠的地头。快乐就会弥漫心头！

✻五一节到了，父母对你赞许满意，爱人对你全心全意，朋友对你真心实意，领导对你十分在意，部下对你充满敬意。愿你拥有快乐的“五意”节！

✻五一节将要到了，我送你一辆车。请把幸福装满，把快乐塞上，哼着欢快的小调，摇着轻松的蒲扇，开上平安的大道，把烦恼撞破，把痛苦碾碎。

✻五一劳动节到了，祝你：工作捞着个大升迁，收入捞着个大元宝，生活捞着个大变化，人生捞着个大转机，每天都开心快乐无人能比，五一劳动节快乐！

✻五一又到眼面前，包包饺子吃点面；找点感觉甜一甜，猛夸老婆胜从前；两情相悦心相连，这节过得多省钱！

✽五一有空吗？我想去找你，你到车站等我好吗？不过我怕人多不好认，你把头发弄成爆炸式，右手拿支木棒，左手端个瓷碗与我联系，接头暗号是：行行好吧！

✽五一期间，我找了一份全职工作，没有工资，没有休息，全天24小时上班！那就是——想你！

✽五一假期去赏花，大理茶花甲天下。武汉樱花开七日，南京梅花胜红霞。要是兜里没有钱，呆在家里也不差。左看右看心里美，老婆也是一朵花！

✽五一到，发条短信来骚扰，工作的继续受累，加班的继续遭罪，喝酒的继续装睡，网聊的继续幽会，恋爱的继续陶醉，总之您别闲着，劳动人民万岁！

✽五一，祝你“无一”：无烦无恼每一天开心欢笑，无病无灾每一月健康安好，无阻无挠每一季风调雨顺，无分无离每一年亲情拥抱，无时无刻每一秒幸福围绕！

✽五一“心灵大扫除”，心态桌子挪一挪，摆正位置视野阔。烦恼椅子修一修，四四方方幸福牢。

快乐背包理一理，身心健康乐逍遥。朋友，祝你五一快乐！

✻五一节到了，天气热了，我准备为全国人民做三件小事：1. 给苍蝇戴手套；2. 给蚊子戴口罩；3. 给你喂饲料。愿你过节吃得饱，心情十分好！

✻五一旅游巴士为您服务：请您携带好健康的背包，好运的地图，凭快乐的车票验票上车，跟随着幸福的导游，度过一个轻松惬意的五一假期。祝您愉快！

✻五一节送你饭后八戒：一戒吸烟，二戒马上吃水果，三戒放松裤带，四戒立即喝茶，五戒百步走，六戒立即洗澡，七戒立即睡觉！八戒，记住了吗？

✻网上岁月如飞刀，刀刀无情催人老；革命身体最重要，上网不要熬通宵；为把身体保养好，十点以前睡觉觉。五一劳动节快乐！

✻辛勤劳作又一年，五一节日在眼前。总把点滴存思念，岁月累积送祝愿，祝愿以后胜从前，希望快乐每一天，祝五一劳动节快乐。

✻相聚五一，快乐第一，好好休息，保重身体，有劳有逸，心情惬意，享受假期，轻松到底，不常联系，却在心底，一条消息，真情传递。愿你快乐过五一！

✽一颗细腻的心可以带来幸福，一颗真诚的心可以坦荡无愧，一颗勇敢的心可以征服未来，一颗开朗的心可以消除烦忧，一颗宽宏的心可以包容一切。五一节到了，希望你的心能同时包含这五个一。

✽一天到晚，眼睛在动，腿脚在动，耳朵在动，双手在动，身体在动，脑子在动，嘴巴在动……劳动节，别“劳动”了，该休息了！

✽一月春风扑面，二月春风似剪，三月春风招飞燕，四月春风风筝线，五月春风催人眠。五一到，开怀一笑，睡个好觉，多多休息最重要！

✽一等劳模电视上作报告，二等劳模书报上有介绍，三等劳模工作不知疲倦，四等劳模忙碌赚不到钱。劳动节到了，无论你是哪等劳模，希望记住：开心最好！

✽一副硬朗的身体，一份不菲的收益，一位温柔的贤妻，一份真挚的友谊，一生幸福的甜蜜，又到五一，五一祝福表心意，祝你节日快乐！

✻12345，劳动多辛苦；剪刀石头布，休假真幸福！放心，不因忙碌而忘你，更因快乐而想你！祝你五一节假期快乐！

✻祝你这个工作的打桩机、家庭的取款机、兼职的洗衣机、勤奋的扫地机、人见人爱的不劳动不舒服斯基节日快乐！

✻尊敬的用户，由于您过度虐待你的手机以致五一也不让其休息，大假期间系统将自动为它放假，一旦发现有通话记录，将立即扣除您的所有余额。

青年节（五月四日）

✻别让岁月在马不停蹄的错过中远去，别让青春在轻而易举的辜负中离去，别让友情在不知不觉的陌路中淡去。享受青春，快乐生活每一天。五四青年节快乐！

✻不能回首的是昨天，好好把握的是今天，充满希望的是明天。不管昨天、今天和明天，保持年轻的心态就能把握未来。你在青年节幸福快乐，就是我的心愿！

✻道路泥泞不要惧怕，生活坎坷不要悲伤，拥有青春就拥有希望和力量，泥泞可以造就坚强，坎坷可以成就辉煌，放飞青春的脚步，迈向心中的渴望。青春万岁！

✽放飞梦想，青春是你的资本；勇创辉煌，自信是你的导航；珍惜时光，年轻助你通殿堂；欢乐开怀，青年应该少忧伤。五四将至，祝你永远有一颗年轻的心！

✽恭喜你从青春偶像派选手中脱颖而出，荣登快乐青年榜首，喜获“五四”青年奖章，希望你魅力继续充值，活力继续充电，幸福继续刷卡，快乐不断提现！

✽今天五四青年节，先许个愿望祝你好运连连，再许个愿望祝你事业圆圆，后许个愿望祝你爱情甜甜，接着许个愿望祝你生活满满，最后许个愿望祝你家庭美美。

✽鉴于你打电话积极，接电话积极，发短信积极，回短信积极。我决定将投你当选五四“积极青年”。若有推荐人选，请积极转发。那就证明你是最积极的！

✽据本人最新研究发现，凡未满一百岁者，均属青年，必会拥有青春的好运、快乐、健康和幸福。今天是五四青年节，别犹豫，尽情享受青春的快乐吧。

✲年龄没有问题，心态决定状态；成功没有问题，思路决定出路；快乐没有问题，想法决定方法；问候没有问题，联系决定关系。五四青年节，祝福愿你幸福。

✲年纪虽不小，青春志不少。人老心不老，开心便年少。生活虽忙碌，快乐最重要。祝你青年节，开心满怀抱！

✲青春不是回忆逝去，而是把握现在。青春不是挥霍筹码，而是积淀岁月。青春不是设计台词，而是即兴舞步。激扬青春，享受生活，快乐永驻！青年节快乐！

✲青春如风，风过无痕；青春如梦，梦漓千山；青春如花，花开摇曳；青春如树，碧玉妆成。五四青年节到了，祝你青春无敌，青春靓丽，青春无极限！

✲青春是五月的花海，开篇就是美丽的章节；青春是五月的细雨，滋润着万物的心田；青春是五月的你我，奋斗总是不惧艰险。五四青年节，年轻人加油。

✲岁月流逝在指尖，带得走时间，带不走华年；喜怒哀乐藏心间，看得到的是祝福，看不到的是情意。愿你魅力常存，青春永驻。五四青年节快乐！

✻时间不会倒退，伤心学会忘记，迈开脚步向前，希望曙光召唤。烦恼忧愁耳边散，开心快乐心中藏，保持一颗年轻心，勇往直前喜悦来。五四青年节祝你愉快！

✻生命里相遇，是最珍贵的缘分；生活里相识，是最美丽的际遇；俗世里相交，是最真诚的感动。青年节到了，凡是朝气蓬勃有活力的人都会收到这条短信！

✻说五四，道青春，抓紧时间才是真；不虚度，不浪费，努力进取向前奔；有句话，想夸你，你是奋斗的好青年；收短信，接祝福，祝你事业红火身体棒。

✻沙粒变成珍珠，这是青春的奇迹；腐朽化作神奇，这是青春的魅力；沙漠成为绿洲，这是青春的课题；石头点化作金，这是青春的意义。世界青年日，愿你拥有青春的活力。

✻是雄鹰，就展翅去飞翔；是骏马，就奋蹄去飞扬；是金子，就尽情去发光；有梦想，就全力去开创。青春就是这样，无限可能，无限精彩。青年节快乐！

✻虽只寥寥数字，可是饱含情义。如君不嫌不弃，在下万分感激。本想来份厚礼，可惜金钱不济。祝福传予友人，愿你青年节如意。

✻四海之内皆兄弟，国际青年大串联。加强联系，把记忆串起来；增进友谊，把感情串起来；传递祝愿，把希望串起来；接力热情，把快乐串起来！

✻天空不会永远蔚蓝，随时准备把心情伞；心情湿了晾晾，鞋子湿了换换；孤单时候想想我，快乐时候也不要忘了我！祝五四青年节快乐，青春无悔，年轻万岁！

✻五四最美青年标准：一分天真，二分成熟，三分体贴，四分知性，五分聪慧，六分俏皮，七分自信，八分乖巧，九分美丽，十分迷人！恭喜你达标了！

✻五四快乐指南：有一颗博大心，做两件高兴事，吃三餐对味饭，睡四季美容觉，日子五颜六色，生活七荤八素，幸福十拿九稳。五四青年节快乐！

✻五四青年节：跟紧青年步伐，防止心态变老；常想青春乐事，压力不再自找；追求青春体魄，健康相伴今朝；保持轻松心情，永远年轻不老！你做到了吗？

✽鲜花能再开，青春不再来；珍惜好青春，奋斗拼未来。你有本领和努力，我再祝你交好运，青年节一切都如意，创造一片新未来！

✽扬青春的帆，打生存的工；拼青春的本钱，攒买房的巨款；借青春的力量，抗现实的压力；五四节来临，愿你释放青春活力，放开拳脚展鸿图。祝节日快乐！

母亲节（五月第二个星期天）

✽白发捻成牵挂的线，双眸汇成思念的泉，皱纹叠成叮咛的笺，腰身躬成祝福的帆。撩起母亲节的帷幔，将幸福快乐及康乃馨的花瓣缀满！

✽吃遍天下饭最好，走遍天下娘最好，爱娘一生直到老，娘的节日祝福早，一片孝心过来表，愿娘天天心情好，幸福健康没烦恼。祝母亲节快乐。

✽踩过容颜，苍老了想念；憔悴路线，点缀鬓角的岁月，深扎我的双眼。不会矫情地说爱你，但行动会表示儿想让您歇息。妈，让我来吧。

✽初为人母，最是幸福。可爱婴儿，嗷嗷待哺。盈盈笑脸，暖暖盼顾。柔肠百转，倾心呵护。母亲节至，快乐无数。祝你这个新妈妈，尽享为人母的幸福。

✽多少个不眠之夜，您守候我甜入梦乡；多少回临出家门，您为我整理行装；多少次电话那头，您为我挂肚牵肠。母亲节祝您快乐！

✽当我生病时，您一直关心着我；当我学习上有困难时，您总鼓励我；当我需要您时，您总会在我身边。母亲节到了，祝妈妈越来越年轻漂亮。

✽多给母亲一个微笑让她永远不老，多给母亲一个拥抱让她笑口常开，多看母亲的手掌让她感受劳累的回报，多听母亲的唠叨让她感受生活的美妙。

✽工作，常常让我流连；爱情，时时让我留恋。纵然想念不相见，对母亲始终有亏欠。就让风带去我的挂念，就让云捎去我的祝愿。

✽工作，常常令我奔波在外；回家，只是三天两天；思念，始终对您有所亏欠。母亲节，送不去康乃馨，一条短息寄遥思，祝亲爱的妈妈永远健康快乐。

✽嗨，准妈妈，母亲节到了，我亲手为你熬了一碗幸福汤：一枚好“孕”丹，两粒开心果，三片健康丹，四株平安草，五杯顺利水。祝你母亲节快乐。

✼好女人在父母面前是好女儿，在公婆面前是好媳妇，在丈夫面前是好妻子，在儿女面前是好母亲，在朋友面前是好口碑。这五好您已做到，祝您母亲节快乐！

✼考试考得不好，您会鼓励我；别人欺侮我，您会为我打气；我自满骄傲的时候，您会提醒我……在我心目中，您温柔又严厉。妈妈，我爱你。

✼没有太阳，花儿就不能开放；没有爱情，就没有幸福；没有女性，就没有爱情；没有母亲，就没有诗人和英雄。今天是母亲节，愿您永远健康美丽。

✼母亲是船，日夜操劳为送儿女到岸；母亲是树，为帮儿女避风遮阳；母亲是光，行程路上只为给儿女温暖的陪伴！母亲是世上最爱你和最值得你爱的人，祝福母亲开心幸福每一天！

✼母亲您给了我生命，而我则成了您永远的牵挂。在我无法陪伴左右的日子里，愿妈妈您每一天都平安快乐。

✼没有水，鱼活不过朝夕；没有光，花儿不会盛开；没有您，就没有我的现在。谢谢您，我最爱的母亲。

✻妈妈，您是大树，我就是小鸟。妈妈，您是大海，我就是小鱼。妈妈，您是天空，我就是白云。无论您变成什么，我都一直在您身边。母亲节快乐！

✻妈妈的唠叨，像天气预报又旧又新，提前向你发警告；妈妈的唠叨，像温泉直冒咕嘟咕嘟，没完没了。我深深地祝亲爱的母亲节日快乐！

✻您的关爱，穿过时空的距离，一直装在我的心底；您的视线，跨越时空的阻碍，一直系着我的身影。母亲节到了，祝妈妈节日快乐。

✻您的爱就像块糖，包在唠叨里，藏在责骂里，让我东找西找，直到我懂事才找到。在这属于您的节日里，送上最深厚的祝福！

✻山，没有母亲的爱高；海，没有母亲的爱深；天，没有母亲的爱广阔；地，没有母亲的爱包容；太阳，没有母亲的爱温暖。让我们共祝母亲健康快乐！

✻树高不离根，母恩似海深。孩儿寸草心，难报三春晖。枝叶总关情，慈心牵儿身。絮语耳边随，叮咛暖心扉。母爱相伴走天涯，母亲节至祝福您：节日快乐！

✻岁月的风霜染白了您的头发，染不了的是您爱儿女的心；时间的流逝把您的青春耗尽，耗不完的是您那操劳的劲。妈妈，没有什么比您的爱更伟大！

✻是您把我带来这个世界，用关心为我浇水，用关怀为我施肥，用关爱为我修枝。今天，我这棵小苗已经成长为大树，我要对您说：母亲，谢谢您。

✻世界上只有一位最好的女性，她便是慈爱的母亲；世界上只有一种最美丽的声音，那便是母亲的呼唤。母亲与我们一直心心相连，祝福天下所有母亲节日快乐！

✻天地之间，母爱最真、母爱最深；岁月之中，母爱最长久、母爱最不朽。母亲的爱永铭心中，刻骨不忘。母亲节到了，祝亲爱的妈妈身体健康快乐幸福。

✻太阳对大地的爱是温暖的，风雨对植物的爱是呵护的，蜡烛对烛火的爱是无私的，您对我的爱是它们的总和。谢谢您，妈妈，节日快乐！

✻忘不了母亲摇篮边慈祥的守候，忘不了母亲分别时关切的叮咛，忘不了母亲村路口深情的守望，忘不了母亲开心时灿烂的笑容，忘不了母亲家中内外忙碌的身影！

✻我的成长是刻在您额头上的横杠，我的放纵是刻在您眉心的竖杠，我的欢乐是刻在您眼角的鱼尾，我的成功是刻在您唇旁的酒窝。妈妈您辛苦了！

✻我在黑暗人生道路上徘徊时，您是天边那颗明星；我在野外受暴风雨时，您是那小小的帐篷；我心里凉凉时，您是那暖暖的鸡汤！母亲节日快乐！

✻小时候，母爱掩藏在可口的饭菜里；长大后，母爱幻化做殷殷叮嘱；现在，母爱盛开在如菊花般绽放的皱纹里。女儿眼中美丽的妈妈，我爱您！

✻想送您康乃馨，您总说太浪费；想请您吃大餐，您说外面没家里吃得香；想送您礼物，您总说家里什么都有。但有个礼物我一定要送：妈妈，我永远爱您！

✻许一个美好的心愿祝您快乐连连，送一份美妙的感觉祝您万事圆圆，发一条短短的信息祝您心顺甜甜。在今天这属于您的日子里，恭祝您平安如愿。

✻我希望健康抓住您的手，平安抱着您的腰，幸福围在您身旁，快乐天天来报到，万事如意好上加好。祝福您，亲爱的妈妈，母亲节快乐！

✻伟大的是妈妈平凡的是我；慈祥的是妈妈调皮的是我；交手机费的是妈妈发短信的是我！哈哈，

妈妈真好！我爱您！

✻五色的风筝把春天挂在天上，可口的冰棍把夏天藏在柜箱，南迁的大雁把秋天系在翅膀，伫立的雪人把冬天写入梦想，您的爱一直拂着我的脸庞。

✻有一抹银月渡上您的发际，时光在您容颜里盛开涟漪，嬉戏的鱼儿在您眼角游弋，您的笑颜在我心里就如这柔湖映月般美丽。妈妈我祝福您！

✻有种思念可以很长，有种爱叫做母爱。母亲是一只船，载着我们的期待和梦幻；母亲是一棵树，为我们遮挡风雪和严寒；母亲是一盏灯，给我们光明和温暖。

✻有一种爱不求回报，当你成功了，她会悄悄走开；有一种爱，伴你一生，当你累了，她永远伸出臂膀。这就是母爱。母亲节到了，祝福妈妈！

✻有人说，世界上没有永恒的爱。我说不对！母亲永恒，她是一颗不落的星。下雨时，您是为我遮雨的伞，下雪时，您是为我挡寒的衣，您总是给我最贴心、最温暖的呵护。妈妈，祝您节日快乐。

✻一片叶怎么感谢一棵树的呵护，一粒种子无法感激大地的付出，一句祝福报答不了您一世的痴心劳碌，我依然要送上祝福——如一粒种子一片叶的祝福。

✻一年又一年，风风雨雨；一日又一日，日落日起，母亲的厚爱渗入我的心底，在这节日之际，敬上一杯真挚的酒，祝母亲安康长寿，欢欣无比。

✻也许我很任性固执，令您操心惹您生气；也许我总爱自作主张自作聪明，把您的话当成罗嗦。但在我心里，我其实很爱您！

✻走遍千山万水，看过潮起潮落，历经风吹雨打，尝尽酸甜苦辣，始终觉得您的怀抱最温暖！不论我走多远，心中永远眷恋。

✻祝母亲：一笑忧愁跑；二笑烦恼消；三笑心情好；四笑心不老；五笑兴致高；六笑身体好；七笑快乐到；八笑皱纹少；九笑步步高；十笑乐逍遥！

✻摘几片云朵、剪几缕霞光，用想念做针，用思念做线，织一套炫丽夺目的霓裳，装扮出倾国倾城的您——我心中最美丽的妈妈：祝您节日快乐！

儿童节（六月一日）

✻百花开放笑声甜，拂面浓馥六月天。对对白鸭游碧水，双双木桨荡画船。嫦娥羡慕儿童节，织女思凡懒做仙。敢问瑶台谁是主？新蕾初绽正童年。

✻别动，抢劫！这是抢劫！懂吗？快拿出你的忧愁，交出你的伤心，掏出你的烦恼，摘下你的哀伤，喏！换上这个，我送来的快乐！预祝六一儿童节快乐哦。

✻笨小孩，笨小孩，笨头笨脑真可爱。枝上有花他不采，树上无果他想摘。闲来无事反应快，机会降临慢半拍。心若在，梦就在，平凡人生也精彩！节日快乐！

✻保留几分纯真的童心，让生活更有趣味；保留几个美丽的童话，让日子更有期盼；童年有限，童真无价。国际六一儿童节到了，愿你回归童趣，快乐无边！

✻不管收入多少，天天快乐就好；不管压力多少，身体健康就好；不管年纪多少，图个乐呵就好。儿童节到了，老中青们，大大方方乐起来！

✻曾记当年的金刚葫芦，难忘昔日的赛跑龟兔，留恋从前的西游水浒，追忆以往的神仙怪物。童年一去不复，祈愿童心永固。祝：六一儿童节快乐！

✻曾经年幼无知，曾经莽撞少年，岁月于指间无声滑过，当你牵着孩子的手走在街头，才意识到过去的日子不回头。开一支红酒，为这个不属于我们的节日干杯！

✻春天的小屋里，装着暖暖的阳光；春天的小屋里，装着缤纷的花朵；春天的小屋里，装着绿色的希望；春天的小屋里，装着童年的欢乐。共同祝愿：儿童节快乐。

✻吃着冰棍想雪糕，追着公鸡想拔毛；踮着脚尖想长高，长的大了想变小。祝超龄及永远长不大的儿童们节日快乐，天天开心！

✻当汽水变成啤酒，当小人书变成科普读本，当红领巾变成领带，当奥特曼短袖变成西装革履，童年真的离我们而去了。六一到了，愿你像个小孩一样快乐。

✻儿童节了，老小孩们，尿床的不用惭愧，吃糖的早早排队，上学的允许早退，工作的偷懒别累，收到短信的尽情陶醉，转发骚扰的不是犯罪。

✻儿童过六一，欢欢喜喜闹喜气；青年过六一，只把儿时来回忆；中年过六一，放松身心忘压力；老年过六一，带着孙子笑眯眯。儿童节，全员动员过六一。

✻童节快乐秘诀：抱一次奶瓶，含一次奶嘴；用袖子擦鼻涕，用小手玩泥巴；穿次开裆裤，玩次玻璃球；白天削铅笔，晚上“画地图”。儿童节快乐！

✻儿童节道具：棒棒糖、开裆裤；要求：含着棒棒糖，穿着开裆裤，到大街上逛半个小时；目的：重温童年；口号：六一快乐，纯真永在！

✻发条短信让你永远长不大，快乐的事情你永远落不下，烦恼的东西你永远不理它，因为今天就数你最大！别问这是为什么，我只能快乐地告诉你：儿童节快乐！

✻工作忙些能忘忧，工作累些能助眠，工作苦些能锻炼，工作好些能清闲。无论你的工作好与坏，多些笑容能去愁。祝你六一节到返老还童！

✻欢笑中波光潋滟的湖水，可曾记得儿时的嬉戏？阳光下漫天飞舞的蝴蝶，还曾想起往日的追逐？岁月虽已逝去，真情依然永恒。六一儿童节，愿你青春不褪色。

✻花蕾是你的年华，包在丛丛的绿叶之间；春天是你的节日，歌声装满了你的书卷；繁华是你的等待，五彩斑烂的梦想随你实现。六一儿童节，愿快乐为你呈现！

✼哼一段童谣，把童年叫醒；看一个童话，把童趣叫醒；发条儿童节短信，把童心叫醒。儿童节将到，愿你脸上常挂满孩子般的纯真笑容，生活像孩子般无忧无虑。

✼今天六一，不妨给年龄留留级，蹦蹦跳跳有笑意；给烦恼减减税，玩玩闹闹变美丽；给压力逃逃课，吼吼叫叫别顾忌。祝六一带点稚气，将快乐开启！

✼今日是六一：玩玩捉迷藏，皱纹不增长；唱唱丢手绢，笑容连成片；踢踢鸡毛毽，身体更康健；丢丢玻璃球，幸福身边留。愿重拾童趣开心如意。

✼今天是六一儿童节，祝你童心永在，童趣多多，童颜不老，虽然我们不是童年，童月，童日生！但我们一定要童年，童月，童日，童快乐！

✼今天是儿童节，贪玩的你今天别玩手机，玩了你就别收短信，收了你就别读这条。哎，你还是读了。我除了祝你节日快乐外，只想说：你这孩子咋不听话呢？

✼快乐荡漾在秋千上，笑容绽放在玩耍里，甜蜜来自于糖果里，幸福沉浸在爱的世界里，随性源于你床单上的地图里。祝福送给长不大的你，六一快乐！

❉六一六一，回味童年，想想趣事，找找欢笑，觅觅童真，叙叙旧事，欢笑没减，快乐无限，笑声可爱，祝福依然，问候到了：儿童节快乐！

❉六一到，鉴于你突出表现，特授予你“优秀超龄儿童”大奖并颁“五道杠”：快乐杠杠的，成功杠杠的，健康杠杠的，平安杠杠的，幸福更是杠杠的！

❉六一排排坐，请你吃果果：吃了快乐果，天天好心情；吃了成功果，事事都顺意；吃了好运果，时时好运气；吃了祝福果，幸福好生活。

❉60 年代吃过糠，70 年代下过乡，80 年代拾过荒，90 年代经过商，00 年代走四方。童年的梦想，天下是粮仓。儿童节快乐！

❉鸟语花香好时节，阳光灿烂花宜人。芍药盛开燕飞来，玫瑰含笑樱桃熟。宏伟理想鼓斗志，壮志凌云创大业。幼小心灵开红花，歌舞欢腾庆六一！

❉你头戴黄色小菊花，身穿红色小肚兜，嘴咬白色小奶嘴，双手抠着大脚丫，问你今天怎么了，你害羞地说：人家，人家今天也想过六一嘛！儿童节快乐！

✽你待人真诚表里如一，感情专注始终如一，工作尽责瑜百瑕一，处理问题百不失一，表现卓越百里挑一，赞誉之声众口如一。真心祝你六一快乐！

✽你总是傻傻地以为你已经远离孩子的世界，以为可以用不过儿童节就能证明自己的成熟。哎，可怜的娃，别再做梦了，你看你把被子都尿湿了！儿童节快乐！

✽全民儿童节，祝现任的妙龄儿童、卸任的超龄儿童、家有儿女的领衔儿童、二人世界的丁克儿童、心态很儿童的性格儿童、内心很儿童的资深儿童，节日快乐！

✽情人节不属于我，我是单身；妇女节不属于我，我是男人；愚人节不属于我，我为人诚恳；劳动节不属于我，我很懒。哈哈！儿童节我不能错过了，我有一颗童心。

✽树叶因风而动，雏苗因土而长，瀑布因流而成，天空因鸟儿而生动，海洋因珊瑚而神秘，沙漠因绿洲而有生气，生活因年轻而美丽！祝儿童节快乐！

❋三只小蝌蚪到饭店吃饭，当服务员为隔壁桌端上一盘红烧牛蛙时，三只小蝌蚪抱在一起，伤心地唱：“我不想，我不想，不想长大！”祝儿童节快乐！

❋生生不息，永不停息，年年不息，岁岁不息，儿童是最珍贵的天然资源，儿童是最丰富的物资财产，儿童是希望，儿童是梦想，儿童节快乐。

❋虽然你已具有成人的眼光，虽然你承受过爱情的创伤，虽然你经历过太多的人世沧桑，但是你怎么可以辜负这美丽的大好春光？保持一颗童心吧！

❋生活不被工作束缚，工作不被金钱束缚。快乐不被忙碌束缚，过节不被年龄束缚。只愿超龄儿童：六一快乐，拥有自在生活每一天！

❋童年是一首没有忧伤的歌曲，唱出你我纯真的记忆；童年是一片没有乌云的蓝天，映出你我干净的笑容。六一儿童节到了，愿你笑容纯真依旧。节日快乐！

❋悟空画了一个圈，唐僧安全了；小平画了个圈，深圳富裕了；你画了一个圈，你又尿床了。小朋友，儿童节快乐！

✻我绝望了，紫霞离开了我，师傅太唠叨，牛魔王欠债不还，好不容易买下的水帘洞被菩萨抢走了，只剩下一毛钱发短信，二弟，祝你六一节日快乐！

✻寻回童年最喜欢的颜色，装扮美丽心情；找到童年最初的梦想，赋予追逐的力量；追溯童年最纯真的记忆，温暖麻木的心灵。六一到了，祝儿童节快乐。

✻笑容如花儿般灿烂，心情如清风般爽朗，乘着六月的风，放飞梦中的童话，扬起记忆的小帆，摇弋快乐的童年，放松疲惫的身心，接受我祝你节日快乐的短信！

✻细数年轻的梦，轻拂幻想的风；依恋年少的雨，踏寻纯真的心；你我悄悄长大，童年依然美丽。一曲笛声也悠长，愿这恋曲载满幸福的音符，唱响你成长的歌！

✻夏日阳光炽热，多吃蔬菜水果才对；工作劳累疲惫，再忙也要去小睡。健康身体不浪费，朋友聚会开心派对，一颗童心永远追随，美丽人生值得回味！六一快乐！

✻想吃糖？给你；想玩泥巴？陪你；想戴小红

花？送你；想吃奶？想尿床？全随你。谁叫今天是你的节日呢！哈哈！儿童节快乐！

❉小P孩乖乖，手机开开，短信来来：岁月飞快，光阴不再；生活无奈，出门在外；知错能改，人见人爱；处事明白，早发大财！儿童节来，祝你每天心情愉快！

❉想当年，你聪明可比海尔兄弟，梦幻可比机器猫，勇敢可比奥特曼，幼稚可比蜡笔小新。虽然现在年龄大了，可你还是那么有魅力，六一了，祝你节日快乐！

❉阳光下漫天飞舞的蝴蝶，可曾让你记得那追逐嬉戏的岁月？天真的笑脸好似花儿，引得蝴蝶流连忘返！儿童节到来之际，愿你永驻花般笑颜！

❉一点久违的童趣，二点美好的回忆，三点难得的天真，四点年少的无邪，五点真心笑嘻嘻，六点幸福乐呵呵，预祝你六六大顺，六一儿童节快乐！

❉洋娃娃笑眯眯，小狗熊憨乎乎，黑猫警长来站岗，葫芦金刚来报道，吹起心爱的小螺号，我们一起跳舞吧。唱着英文字母歌，美丽世界真热闹。儿童节快乐！

✽幼儿园老师说：尿床一次罚三元，二次五元，三次七元。我正想问老师包月多少钱，就看见你举手说：老师，我要办 VIP 会员年卡！祝你儿童节快乐！

✽照照镜子，收起憔悴挂起快乐笑脸；整整衣衫，掸去疲惫撑起一身轻闲；出去转转，抛弃烦恼放松在自然；发发短信，祝你拥有纯真快乐的童心！

✽作为老大级的人物，我发短信很慎重的。名气是大家给的，地位是兄弟拼的，要对大家负责！我几十年如一日，及时提醒你：六一到了，小朋友该交保护费了！

✽祝咱们这些表面风光内心彷徨，容颜未老人已沧桑，似乎有才实为江郎，成就难有郁闷经常，比骡子累比蚂蚁忙，比岳飞更忠良的老中青年儿童们，六一快乐！

端午节（农历五月初五）

✽从快乐中洗干净这一粒粒米，从幸福中精选这一颗颗枣，用美丽的心情包裹，用温暖的笑脸扎紧，用这端午节的祝福蒸熟这香甜粽子，用这美味的粽子混熟这香甜日子，用这香甜日子给友情起个名字，天长地久。

✻端午端午，谁最苦，屈原沉水百姓苦；端午端午，谁有福，粽子喂饱小鱼肚；端午端午，谁追逐，龙舟澎湃众人逐；端午端午，谁祝福，历史为了明天出。端午祝福揭开了幕，短信问候来拜福，亲爱的，节日快乐！

✻端午假期将至，划一划龙舟，疾病随波流走；斟一杯美酒，生活无忧无愁；采一把菖蒲，平安伴随一路；包一包粽子，裹紧幸福甜蜜。预祝端午开心！

✻端午节，我用平安作粽叶，用吉祥作糯米，用爱心作炉灶，用甜美作汤水，用热情作柴火煮一锅幸福粽子送给你。收到者请吱嘎一声！

✻端起快乐，放下烦恼；端起轻松，放下浮躁；端起逍遥，放下困扰；端起幸运，收获微笑；端起祝福，温情围绕。端“五”，节日快乐！

✻端午节，想给你包肉粽，猪肉涨价了；包豆沙粽，绿豆涨价了；那干脆包个白米粽，可连米价也涨了。于是我灵机一动，以健康代替猪肉，开心代替豆沙，甜蜜代替糯米，做一个幸福粽送给你。这下再也不担心涨价了，因为它们都是无价的！记得一定要品尝哦，别过期了！呵呵，端午节快乐！

✽“端”着温馨的祝福，“舞”起轻柔的思念，“节”省所有的时间，“祝”福亲爱的朋友，“拟”出别致的短信，“快”出动车的速度，“乐”在你的心上。

✽古人送壶我送粽，一片真情在其中；亲朋好友如相问，一片冰心在玉壶；天涯知己度端午，无限真情在粽中；青青粽叶包真情，愿你拥有好心情，端午节快乐。

✽划龙舟，挂菖蒲，前途事业不用愁；喝黄酒，贴五毒，年年岁岁都有福；系百索，戴荷包，一生一世避邪毒；过端午，吃粽子，中华传统永长久。端午快乐。

✽今天是端午，送你只香甜粽子：以芬芳的祝福为叶，以宽厚的包容为米，以温柔的叮咛做馅，再用友情的丝线缠绕，愿你品尝出人生的美好和这五月五的情怀！

✽吉祥米，甜蜜枣，团团包成幸福粽；黏黏乎，甜甜蜜，黏糊甜蜜成一团；嘴品尝，心感受，美妙滋味无伦比；多品尝，细体会，幸福感觉在其中；心儿乐，万事妙，事事顺当无阻挡；端午日，美满节，吉祥甜蜜过好节！

✽米饭和包子打群架，米饭仗着人多势众，见包子就打，豆沙包、糖包、蒸饺无一幸免。粽子被逼到死角，情急之下把衣服一撕，大叫：看清楚，我是卧底！

✻你总是怕自己胖，为自己束腰一圈又一圈；你总是怕自己丑，为自己着衣一件又一件。跟你说了那么多次，最真的你才是我的最爱，为啥就是不信哩？我的粽子。

✻屈原的叹息渐渐远去，传统的节日萌生新意，快捷的生活拉远距离，端午的祝福短信传递：名如肉粽香飘万里，业似龙舟千帆竞技！端午将至，节日快乐！

✻气候在变坏，端午五大怪。粽子玩裸奔，香包谈恋爱。龙舟被山寨，雄黄酒下菜。鱼儿更奇怪，不请自己来。祝福把门开，烦恼说 bye－bye！端午快乐！

✻送个香囊带个荷包，自制几斤粽子，托人到山里采了艾叶，街头买了瓶雄黄酒，加上内心深处的几许关怀，作为礼物送给你，祝端午节快乐！

✻生日的时候，我会送你一个蛋糕；中秋的时候，我会送你一盒月饼；端午节来了，我送你一粒糯米，希望你把它种下去，用心呵护，等待收获我的祝福吧。

✻送你一颗好运粽，里面包藏健康米、好运蛋、平安菇、快乐虾、长寿花、幸运栗，如果你收到将会好运连连。祝你端午节快乐。

✻送上端午节快乐祝福，愿粽子带给你好运！祝你：工作“粽”被领导夸，生活“粽”是多美梦，钱财“粽”是赚不完，朋友“粽”是很贴心，笑容“粽”是把你念。

✻收到这条短信，你就是“粽”经理；阅读，你就是“粽”督；保存，你就是“粽”管；转发，你就是“粽”工；删除，你就是“粽”裁。“粽”之，端午快乐！

✻桃儿红，杏儿黄，五月初五是端阳；粽子香，包五粮，剥个粽子裹上糖，幸福生活万年长！祝您端午节快乐！

✻桃花坞里桃花庵，桃花庵里桃花仙；桃花仙人种桃树，又摘桃花换酒钱。酒醒已到端午前，赶制短信把亲念；轻歌曼舞祝福你，开心快乐到永远。

✻五月端午到，向您问个好，不管怎样忙，粽子要吃饱！一层是祝福，二层是逍遥，好运天天有，生活步步高！事业处处顺，口味顿顿好，越活越年轻，永远无烦恼！

❀五月莺歌燕舞日，又到粽味飘香时。片片苇叶片片情，天天拥有好心情。几枚红枣几颗心，让你开心又顺心。钞票有如粒粒米，包在一起全给你！

❀五月初五粽飘香，君子正身锦囊香，五谷丰登幸福香，击鼓赛舟满江香，离骚化情楚泪香，胭脂画眉美人香，九歌问久人间香，我发短信祝福香。

❀我是粽叶你是米，我要包裹你的情，彩丝彩线我缠你，一线牵起我和你，为爱一同跳锅里，相知相爱我与你。

❀一句平淡如水的问候，很轻；一声平常如纸的祝福，很真。采一片清香的粽叶，包一颗香甜的粽子，装入真情的信息里，送给你：祝端午节快乐！

❀杨梅红，杏儿黄，五月初五是端阳；粽叶香，包五粮，剥个粽子裹上糖；艾草芳，龙舟忙，追逐幸福勇向上。美好的生活万年长！祝您端午节快乐！

❀叶叶层叠，好运不绝；米米紧粘，幸福绵绵；线线缠绕，快乐拥抱；水水相融，情意浓浓；粽粽连结，祝福不歇！端午佳节到，祝你节日愉快！

❀祝福不断连连的，真情实意绵绵的，包成粽子圆圆的，吃在嘴里黏黏的，味道总是咸咸的，化在心里甜甜的。祝甜甜的你，过个甜甜的端午！

✻粽子黏黏，思念甜甜；粽子软软，祝福闪闪；粽子香香，健健康康；粽子大大，财运佳佳；粽子多多，快乐多多。粽子节到了，一定要快乐哦！

父亲节（六月第三个星期天）

✻爸爸别抽烟，保重身体多锻炼；爸爸少喝酒，饭后逛逛百步走；爸爸莫烦恼，豁达洒脱精神好；爸爸莫劳累，健康开心最珍贵。祝爸爸父亲节快乐！

✻爸爸的教诲像一盏灯，为我照亮前程；爸爸的关怀像一把伞，为我遮蔽风雨。爸爸，感谢您为我做的一切，我爱您。今天是父亲节，祝福您节日快乐！

✻大善无言，至爱无声，父亲的呵护遮雨挡风，父亲的关怀铭记心中，父亲的教诲伴儿女前行。父亲节，祝健康长寿、快乐幸福！

✻多少座山的崔嵬也不能勾勒出您的伟岸，多少个超凡的岁月也不能刻画出您面容的风霜，是您让我拥有了更广阔的天空，谢谢您为我做的一切。节日快乐！

✽当我遇到挫折和困难时，我第一个想起的就是您；当我遇到快乐大转盘时，我第一个告诉的也是您。今天我送上一个笑，温暖您的心。爸爸节日快乐！

✽多一点快乐，少一点烦恼！不论钞票有多少，每天开心就好，累了就睡觉，醒了就微笑，生活的滋味，自己放调料，收到我的短信笑一笑，祝父亲节快乐。

✽额角的皱纹，篆刻了您的昨天；两鬓的华发，见证了您的梦想。亲爱的父亲，我曾带给您失望，却愿您回首一望，会看见您给我的爱没有白费！

✽父亲节来了，祝愿父亲晚年没有忧和烦，平平安安度时光；晚年没有病和痛，健健康康多吉祥；晚年儿孙膝前绕，快快乐乐庆团圆，愉快幸福享清闲。

✽父爱深深，深在如海的眼里；父爱真真，真在满头的白发；父爱暖暖，暖如冬日的阳光；父爱浓浓，浓如香醇的烈酒。父亲节，愿天下父亲节日快乐。

✽饭你端，衣你换，我睡摇篮你扇扇；心你操，活你干，我骑大马你流汗；家你撑，钱你赚，我发脾气你习惯；报你恩，成你盼，写条短信给你看！我爱你。

✻工作不是一天就能干完的，哄老婆不是都要你主动的，尤其是今天。这个属于男人的节日，忙里偷闲，好好放松，生活可以更美好！祝父亲节快乐！

✻给您端杯茶，消暑解渴笑哈哈；给您擦擦汗，擦去劳累和疲倦；给您洗洗脚，洗去忧愁和烦恼；给您捶捶背，健康活百岁！祝您父亲节愉快！

✻含辛茹苦，肩上扛着；坎坷的路，脚下走着；岁月的痕，脸上爬着；儿女前程，胸中装着；无私的爱，心中流着。父亲节，轻轻地问候：老爸保重！

✻看着您的目光由严厉变得慈祥，看着您矫健的步伐渐渐变得蹒跚，看着您的青丝一点点变成白发，如果我可以许个愿望，我愿在今天要回原来的老爸。

✻恐惧时，父爱是一块踏脚的石；黑暗时，父爱是一盏照明的灯；枯竭时，父爱是一湾生命之水；努力时，父爱是精神上的支柱；成功时，父爱又是鼓励与警钟。

✻老爸你知道吗？每天都会有人赞叹我的聪明、

优雅和帅气！而我总是神气地说：俺爹出品，必属精品！老爸，父亲节快乐！

✻名可名，非常名，老爸最出名：爱心赫赫有名，耐心远近闻名，细心天下知名。父亲节到了，祝我的“名人”老爸节日快乐，身体健康，快乐平安！

✻您是海中塔，指引我回家；您是万重山，撑起一片天；您是被中棉，身暖心也暖；尽管您总是默默无言，但无声的父爱却永伴身边！爸爸，节日快乐！

✻您是一棵大树，春天倚着您幻想，夏天倚着您繁茂，秋天倚着您成熟，冬天倚着您沉思。我把无数的思念化做无限祝福，默默为您祈祷，祝您健康快乐！

✻您常在我痛苦的时候，给我一个理解的注视；您不愿我忧伤，常说我的快乐就是您最好的礼物。今天我送上一个大大的笑，温暖您的心！祝您父亲节快乐！

✻您没有被写进一篇诗章，您没有被唱入一首颂歌，但您是给我以生命并抚育我成长的土地，我深深地爱着您！亲爱的爸爸，祝您父亲节快乐！

✻您曾拉着我的小手，许下无数承诺；您曾用硬硬的胡须渣子，吻过我的脸庞。不曾发觉，岁月早已染上了风霜，散落在你发梢上点点斑驳。愿您父亲节快乐！

✻男人怀念朋友是呼吸，自然而轻松；思念情人是品酒，浓郁而短促；追想父亲却是喝茶，绵长又深厚。

✻年少的青春，未完的旅程，是您带着我勇敢地看人生；无悔的关怀，无怨的真爱，而我又能还给您几分，祝亲爱的父亲永远快乐！

✻如果，父亲是一棵沧桑的老树，那么，我愿是那会唱歌的百灵，日夜栖在父亲的枝头鸣叫，换回父亲的年轻，让父亲永远青翠。父亲节到了，祝节日快乐！

✻世上有一种爱如千丈山崖上的长青藤，永不枯萎；世上有一种爱如苍茫大海中的罗盘，指明方向；世上有一种爱如父亲的教导，长留心间。父亲节快乐！

✻送一束流星，实现您的愿望；送一个世界，全凭您去开心；送一份成绩，展示我的成果；送您一栋房子，那是以后的事……会看短信，有进步啊。

父亲节快乐！

✻我的脉博流淌着您的血，我的性格深烙着您的印记，我的思想继承着您的智慧……我的钱包，可不可以多几张您的钞票？老爸，父亲节快乐！

✻为子不知父之苦，身在福中不知福，少年不知愁滋味，盼望长大早做主。长大成人亦为父，方知为父多辛苦，家庭重担肩上挑，为子只愿父幸福！

✻难忘您粗茶淡饭，将我养大；难忘您一声长叹，半壶老酒。都说养儿防老，可儿山高水远留他乡，而您再苦再累不张口。愿您父亲节快乐！

✻我的祝福像山泉水，洗去您满脸的尘与灰；我的祝福像芭蕉扇，扇去您满头的汗；我的祝福像绿豆汤，解暑消夏给你带清凉！祝父亲节日快乐！

✻乌云密布我不怕，因为有您撑起的雨伞；道路崎岖我不怕，因有您耐心的指导；穷困潦倒我不怕，因为有您填满我的钱包。老爸，您辛苦啦！

✻小时候，父亲是参天大树，为我们遮风挡雨；长大了，父亲成了百科全书，为我们答疑解惑；父亲，永远是我们的支柱，父亲节了，别忘为父亲祝福！

✻有一种爱，叫父爱如山；有一颗心，叫父子连心；有一份情，叫情深似海。有一个节日，叫父亲节。在这个感恩的日子里，祝天下所有的父亲：节日快乐。

✻拥有你，你热情似火；依偎你，你安然如山；抗争你，你包容若海；理解你，你深如宇宙；敬佩你，你沉默如石；想起你，你光辉存心。父亲节快乐！

✻艳阳高照，父爱美好；星光灿烂，父爱无限；雨横风狂，父爱阻挡；山高路远，父爱陪伴；父亲节到了，送上我的祝愿：祝父平安，一生康健！

✻一笑忧愁跑，二笑烦恼消，三笑心情好，四笑不变老，五笑兴致高，六笑幸福绕，七笑快乐到，八笑收入好，九笑步步高，十全十美乐逍遥，父亲节快乐！

✻咬定青山不放松，立根原在破岩中。千磨万击还坚韧，任尔东西南北风。父亲，坚定若您，勇敢若您，我深深地爱您。

✻走过千山万水，却发现父爱一直在身旁；吃过美味佳肴，却觉得和您一起吃饭最香。爸爸，您在我的心中很重要；送上祝福，祝您父亲节快乐！

✻注视您的背影，我感受了坚韧；抚摸您的双手，我摸到了艰辛。不知不觉您鬓角露了白发，不声不响您眼角添了皱纹。愿我下辈子还做您的儿女！

✻昨天遇见天使淋雨，我便把伞借给了她，她问我是要荣华还是要富贵，我说什么都不要，只要爸爸身体健康，生活幸福，父亲节到了，愿您身体倍棒！

✻掌心留存你的温暖，血管流淌你的激情，脸庞再现你的青春，眼神继承你的刚毅——唉，活该我是你的儿子！

七夕节（农历七月初七）

✻爱是牵挂，是奉献，是思念的痛，是回忆的甜，是难舍难分，是心颤的期盼，亲爱的朋友，七夕到了，祝爱情甜蜜。

✻春日的百合给你一生灿烂，夏日的海滩给你一生浪漫，秋日的蓝天给你一生梦幻，冬日的温暖给你一生璀璨，七夕的问候给你一生的爱恋。

✻独上西楼，观月。寂寞梧桐，锁秋。问天上人，见鹊否？是否共婵娟？

✻独自凭栏望天边，守候星空许心愿。天上星星万万千，唯有两颗在心间。诺言换取真情在，美满姻缘银河牵！

✻今朝分别虽短暂，他日重逢又欢言。相思化作微风伴，彩蝶相隔路茫茫。独望夜空繁点星，牛郎织女鹊相逢！祝七夕快乐！

✻今日七夕，我追了只喜鹊，奔上了天，跨过银河，去倾听牛郎织女的甜言蜜语，去寻找爱情的真谛，把真情牢记在心底，令真爱传遍在天地，让我悄悄告诉你，请捂好手机：爱你一生永不离，哪怕几生几世！祝快乐七夕。

✻今日七夕，可织女却失去消息，只剩牛郎在哭泣。经调查织女被拿着手机看信息的家伙掳去！哥们儿，别看了，织女再美已为人妻，七夕祝你寻到人间仙女！

✻癞蛤蟆约会天鹅，天鹅美了；小猫约会老鼠，老鼠笑了；灰太狼约会喜羊羊，喜羊羊到了；不可能的变可能了，不行动的该行动了，七夕马上约会吧！

✻茫茫星河，我无法找到你的踪迹；漫漫长夜，你能否感觉我的思念？每一分每一秒都在想你，念你，明日鹊桥中央不见不散，七夕快乐！

✻莫羡鹊桥仙，人间花更嫣；今沐七夕雨，爱你更心坚！

✻你曾说我爱上你，就像刺猬爱上玫瑰，为了不彼此伤害，我选择了离开。七夕节了，刺猬在远方为玫瑰祝福：早日找到小王子，幸福快乐每一天。

✻牛郎织女七夕相忆，山水相隔我俩千里；爱人身边无我相伴，万望为我惜爱身体！

✻牛郎织女今相聚，快乐约会没道理。约你牛棚你得去，即使蚊子绕着你。约你天边不能拒，即使刮风下大雨。不惧距离和天气，哪怕路遥会无期。就是七夕想约你，七夕节日要赖皮！要来哟！预祝七夕你我快乐甜蜜！

✻平日里要拍马屁，拍拍事业更顺利；七夕之日拍牛屁，拍拍爱情更甜蜜；身边没牛我着急，东奔西走来寻觅；到底牛儿在哪里？想来想去想到你。平日常说你真牛，今日可否拍拍你？不要动哟！呵呵，祝七夕快乐！

✻盼星星盼月亮，总算盼到七夕了，错过了二月十四，再也不能放过七月初七，今天我要对你说三个字："借点钱。"平时不好意思开口，过节你总不好拒绝吧？

✻亲爱的，我已办好缘份签证，领到爱情护照，将于浪漫七夕从鹊桥航空港出发，搭乘幸福航班，飞越茫茫银河，前往爱的国度。机票有两张哦，等你不见不散！

✻七夕如愿，盼今朝红叶香残怨可消，朝朝暮暮图永久，缠缠绵绵诉心焦。上天又给我一个约你的借口，相爱的人儿，与你共度，天天都是情人节。

✻七夕抬头望碧霄，喜鹊双双拱鹊桥。家家乞巧对秋月，无尽心思君知晓？祝七夕快乐，花好月圆人团圆。

✻七夕到，牛郎织女过鹊桥，天上人间共美妙。发条短信让你笑，收到的红鸾星动月老关照，知心爱人甜蜜拥抱，快乐好运天天来到，幸福生活一直到老！

✻七月七日鹊桥仙，金风玉露恨苦短，朝朝暮暮常相伴，不羡牛郎羡鸳鸯！

✻七月初七是七夕，双七就是"比"，祝你爱情比翼连枝，幸福比翼双飞，好运比邻而居，好事比比皆是，健康寿比南山，快乐无以伦比，比分遥遥领先！

✻柔情恰似常流水，爱意情浓生无悔。佳人有约似春梦，真心实意乐相逢。七夕今夕是何夕，鹊桥诠释真情意。爱情不是仅相思，明月照亮连理枝。祝快乐七夕。

✻虽然相距很远，我的心却与你相连；虽然不常见面，你的音容犹在眼前；何时相逢相拥，品尝爱情蜜甜；七夕情人佳节，翘首仰望期盼；发你一条短信，传我情意绵绵！

✻上帝给我一个魔法盒，能让我实现一个愿望，我“一”气呵成“二”话不说“三”生有幸，祝福“四”面容光的你和你的“五”亲“六”眷“七”夕快乐！

✻岁月变迁，银河不改璀璨；牛郎织女，羡煞鸳鸯神仙；四季相思，一年时间苦盼；鹊桥情缘，今天漫天缠绵；相隔虽远，遥送美好心愿；七夕祝福，浪漫幸福永远。

✻往年七夕牛郎织女鹊桥相会，今天一早喜鹊赶来天河排队，等候多时始终不见牛哥七妹，八哥气喘吁吁跑来通知各位，如今科学技术发展速度翻倍，早已不须相会鹊桥如此繁赘，这时他俩正用电脑对聊沉醉。

✻一只憨厚的老牛，见证了爱情的神话。一条宽宽的银河，激荡着汹涌的爱恋。一座浪漫的鹊桥，寄托了无尽的相思。相约七夕，牛郎呼唤织女，老地方见！

✻月影光如昼，银霜茫茫；七夕会鹊桥，情意绵绵。仙花团锦簇，美景交融；仙鹊聚天桥，好生幸福！

✻悠悠银河人尽望，牛郎织女情满膛。千里鹊桥来相会，葡萄架下诉忠肠。我劝天下有情人，忙碌莫把祝福忘。祝七夕情人节快乐！

✻这年头聚会，喜鹊搭桥，不牢靠；若搭公交，冒热泡；乘坐高铁，总迟到；坐上轮船，海中掉；聚会不是最好，问候最为周到。七夕来到，思前想后还是发条信息祝福最好，祝七夕快乐来拥抱，爱情甜蜜直到老！

✻朝花夕拾杯中酒，有情的人约黄昏后。醉人的笑容有点羞，卿卿我我你别瞅。七夕不只天上有，人间真爱抢前头。预祝朋友别无恙，携手幸福到永久！

教师节（九月十日）

✻常怀感恩的人是幸福的人，懂得感恩的人是快乐的人，经常感恩的人是成功的人，朋友，在教师节到来的时候，让我们一起祝愿，一起送上我们感恩的问候吧。

✻成功源自您的栽培，优秀出自您的耕耘。为今天喝彩的同时，我们永远铭记您当初的教诲和箴言！祝福您，老师：愿您桃李满天下，春晖遍四方！

✻“成功=您的教导+我们的努力”。您把公式填了一半给了我们，我们也会出色地完成另一半送给您，相信我们！

✻都说你是人类灵魂的工程师；都说你是传播知识的天使；都说你是蜡烛，燃烧自己照亮别人；都说你是粉笔，牺牲自己书写希望。老师，节日快乐！

✻点一盏心灯，照亮无数学子的前程；洒满腔热情，孕育满园桃李的芬芳。教师节到了，学生祝您节日快乐，并郑重地向您道一声：谢谢！

✻当年恩师您到来，欢声笑语处处在；言传身教如父爱，教我做人清又白；不求回报宽胸海，学生如今仍感慨；当年恩情记脑海，殷殷敬意短信载。

❉讲台上，书桌边，寒来暑去，洒下心血点点。浇花朵，育桃李，春华秋实，奉献赤诚一片。感谢您对我的教诲，祝老师节日快乐永葆青春！

❉敬爱的老师，您是园丁，质朴无华；是慈母，真情感人；是蜡烛，温馨动人；是春蚕，呕心沥血；是春雨，润物无声；是人梯，无私奉献。祝您教师节快乐！

❉教师是蜡烛，燃烧自己照亮别人；教师是粉笔，磨短自己补长学生。教师的事业在天底下最壮丽，教师的称号在人世间最可敬！祝老师幸福健康，永葆青春。

❉刻在木板上的名字未必不朽，刻在石头上的名字亦未必永垂千古，而刻在我们心灵深处的您的名字，将真正永存！

❉您的教诲催我风雨兼程，我的祝福伴您昼夜耕耘。将来，无论我成为参天大树，还是低矮的灌木，我都将以生命的翠绿向您祝福，我的老师！

❉您不是演员，却吸引着我们的目光；您不是歌唱家，却让知识的清泉叮咚作响；您不是雕塑家，却塑造着一批批青年人的灵魂……老师，我们衷心祝您身体健康！

❈您是一把伞，为我们撑出一片天；您是一盏灯，为我们照亮人生路；您是智慧的源泉，您是进步的灵魂！教师节来临之际，祝您身体健康，幸福无疆！

❈您是字典，有着说不完的故事；您是粉笔，有着写不完的传奇；您是瀑布，有着不竭的动力；您是红烛，照亮了我们的心灵。祝您节日愉快！

❈您用青春耕耘，花园里鲜花灿烂；您用心血浇灌，果园中芬芳弥漫；您用微笑播种，一路上快乐无限；您用智慧领航，人海里精彩不断。

❈呕心沥血哺顽童，桃李满天两鬓白，莘莘学子来谢恩，祝福老师晚年康。

❈手中的粉笔慢慢化为漫天爱的灰屑，这爱染白了您原本乌黑的头发。在这特别的日子，献上一句：老师您辛苦了！

❈世界上有一种情，超越了亲情、友情，那就是老师对我们无微不至的关怀之情、对我们细心教导之情。我真心祝福老师万事如意、永远健康！

✻贪玩时，您是父母，督促我上进；失落时，您是良友，与我推心置腹；长大时，才明白，您就是我的恩师，老师，祝您节日快乐！

✻小草打开春天的门；鲜花打开夏天的门；硕果打开秋天的门；寒雪打开冬天的门；老师打开智慧的门！祝老师一生健康快乐！

✻有一种精神叫奉献；有一种品质很无私；有一种比喻为蜡烛；有一种职业是教师。儿时不识师恩重，长大才知老师亲。老师，教师节快乐！

✻一曲赞歌唱不尽您的华丽篇章，一支粉笔却写就了您的人生轨迹；三万桃李报答不了您的如山恩情，三千青丝染霜却谱写出您的精彩人生。愿恩师永远幸福！

✻愿这一声祝福化作一杯清茶，滋润您发干的喉咙；化作一盏灯，亮在您的办公桌上；化作一束鲜花，带给您一丝芬芳。祝老师教师节快乐，您辛苦了！

✻与书同行，我学到了知识；与友同行，我学会了珍惜；与您同行，我有了良师益友。今天教师节，向我生活中的良师益友献上深深的感谢和祝福：

节日快乐！

✻语文老师一回头，鲁迅甘为孺子牛；数学老师一回头，六元六次都能求；英语老师一回头，满口洋文跑全球；物理老师一回头，一根杠杆撬地球；化学老师一回头，二氧化碳变汽油；劳动老师一回头，破铜烂铁来走秀；体育老师一回头，黛玉也能踢足球；政治老师一回头，全班同学都梦游；美术老师一回头，蒙娜丽莎也风流。教师节快乐！

✻一支粉笔两袖清风，三尺讲台四季晴雨，加上五脏六腑，七嘴八舌九思十分用心，滴滴汗水诚滋桃李芳天下。

✻十年寒窗，昨日沙场，点兵授将，奔向前方；传道授业，排除迷茫，不辞辛劳，恩在四方。感激之情，不在纸上，老师安康！

中秋节（农历八月十五）

✻把我的心情心思心意心愿心疼心急心动心爱心灵心血心田心扉心绪心潮心醉心神心结心碎一并送给你，让你永远开心爽心留心定心舒心遂心一切顺心！中秋节快乐！

✻八月十五月儿圆，发条短信表祝愿：亲人友人常团圆，爱人恋人爱不断，恩人贵人总出现，敌人仇人永不见，幸福快乐到永远！

✽八月十五中秋节，动物森林也疯狂。狮子吼来百鸟叫，狗熊大象瞎胡闹，一起来把节日闹，只有小猪静悄悄，打开手机看短信：猪你中秋节快乐！

✽不深交的朋友，关系不会铁；不是至诚的短信，俺们不会写；不达目的的问候，俺就不会写；不以放假为目的的过节，我们都跟它有过节。祝中秋快乐！

✽错过了太阳的辉煌，还有月亮的静谧。错过了流星的花园，还有月色的荷塘。错过了七夕的浪漫，还有中秋的团圆。人生不一定圆满，与你举杯邀月就无憾！

✽趁着时间还不是很急，心儿还不是很乱，夜色还不是很浓，月亮还不是很圆，我要迫不及待地送出一份祝福，赶在中秋到来之前，与你共同分享一份喜悦！

✽窗前明月光，月饼有点脏；疑是手没洗，皱眉自思量。举头望明月，明月正照窗；低头细查看，原来没包装。中秋祝你，吃饼快乐，赏月开心！

✻懂得唐伯虎的人不多，秋香算一个；懂得贾宝玉的人不多，黛玉算一个；懂得你的人不多，嫦娥算一个。中秋节到了，二师弟，别忘了去广寒宫送月饼。

✻风柔，雨润，花好，月圆，幸福生活日日甜！冬去，春来，似水，如烟，一年中秋在眼前！流年不复返，人生需尽欢！说一声珍重，道一声平安！月圆梦亦圆。

✻非常荣幸邀请你及家人出席中秋夜宴，菜单如下：红烧快乐，火爆开心，油炸浪漫，清蒸健康，水煮团圆，干煸四季欢乐豆，烘烤友情黑面包，谢绝自带月饼！

✻江山易变，情字难改，春去秋来，花谢花开，伴随着微寒料峭的秋风，佳节中秋即将到来，放不开思念你的情怀，节日里祝你扫掉阴霾、舒心畅快。

✻金秋圆月挂天边，浪子心中思念添；寂寞嫦娥空际舞，八戒被贬为哪般；我予汝心天可表，千里也能共婵娟。

✻今年过节不收礼，其实给点也可以。十块八块不嫌弃，十万八万过得去，你要真是没得送，短信一条也可以。

✼流星划过天际，我错过了许愿；浪花拍上岩石，我错过了祝福；故事讲了一遍，我错过了聆听；人生只有一回，我没有错过你！今晚邀你共同赏月！

✼浪漫中秋，月亮含羞，想你切切无以解忧，发给你，短信一条：月朗星稀终守候，落花流水我心头。谁，梦里揍？哦，你的手！

✼明月光，地上霜，霜在降，天气凉。蒹葭苍苍，白露为霜，所谓伊人，也要健康。清秋时节，加件衣裳，暖暖和和，安度秋霜，祝快乐又健康！

✼年年圆满如意，月月事事顺心，日日喜悦无忧，时时高兴欢喜，刻刻充满朝气。在这中秋佳节之际，我衷心祝您：月圆人圆花好，事顺业顺家兴！中秋快乐！

✼女孩吃吧吃吧不是罪，再胖的人也有权利去增肥。苗条背后其实是憔悴，爱你的人不会在意你的腰围。尝尝阔别已久月饼的滋味，中秋节撑死也是一种美！

✼你歪才高八斗，浅见盖九州，好闲又游手，事业却上游，包里无钱币，支票成捆搂，身体不锻炼，一脚踢死牛，幸福不太长，只是到永久。祝你中秋节快乐！

✼朋友双月并肩行，两月一对成月饼。一半是你一半我，中秋之时心有灵。天涯海角共望月，两瓣心思一片情。年年盼月因有朋，月月有月心更明。

✼飘香的月亮渐渐满圆了，喷香的月饼即将售完了，思念的车票已经预定完了，亲爱的亲人正在前往团圆了，中秋佳节快到了，预祝你过个幸福飘香的团圆节。

✼请准备好身份证、学历复印件和个人简历，送到国家航天局。据可靠消息，为贺中秋，要招聘天篷元帅了。记得自带钉耙。

✼取快乐无忧之泉，和健康平安之面，捏花好月圆之皮，包甜蜜幸福之馅。用关怀体贴之火烘烤，以思念祝福之信传递，送上特制月饼，祝中秋快乐！

✼秋已至，天转凉，鸿雁下斜阳；红花谢，绿林黄，莫忘添衣裳；欲惆怅，享阳光，天籁语铿锵；桂树茂，菊散香，徐风携清凉，多安康。

✼人行雨中，月舞云后，夏游冬回，斯时中秋。敬伊如月，莫能相守，爱伊如梦，何可以求？月到中秋分外明，暂借月儿寄衷情。

✼时中秋，月空留；对影饮，一杯酒；云轻走，念悠悠；叶别枝，才知秋；清风行，拂忧愁；此佳节，人间有。愿祝君：乐团圆、心更美、福长久！

✲素娥扬辉，青女降霜，霜辉相映，盈雪流光。风凝爽而不寒伤，月当空而发幽亮，纤尘可见，清影无藏……夜色微凉，我愿悠长，愿我朋友，中秋快乐！

✲天气变得好快，凉风悄悄袭来，晚上毯子要盖，别把脚丫冻坏，没事叨根骨头，那样可以补钙，不要再骂我坏，祝你中秋愉快。

✲我以姚明的高度，罗伯斯的速度，邹市明的力度，杜丽的精准度，郑重向你宣布：中秋快乐，永远幸福！别激动，千万挺住！

✲鲜花，或雅或艳，总栽在盆里；月亮，或远或缺，总挂在天上；情谊，或远或近，总握在手中；朋友，见或不见，总记在心中！祝中秋节快乐！

✲月饼飘香桂芬芳，中秋明月轻敲窗；美酒酣畅焰火放，朋友祝福到心上。中秋祝你家圆、人圆、财缘、福缘、花好月圆。

✲月儿圆圆照九州，人人欢喜无人愁。明月千里来相邀，幸福健康伴逍遥。中秋时节祝福多，心中明月永不落，月圆梦圆事事圆，心圆家圆永团圆！

✻一曲情歌一起听；一个浪漫一生有；一份牵挂一世情；一轮明月一相思；一块月饼一丝甜；一个中秋一起过；一个人生我和你！

✻月儿半盈半缺最美丽，距离若即若离更亲密，中秋将至未至难将息，惦记将述未述牵心底。佳节恰逢佳期，盼望与你相聚。问候字字真心，愿你好好保重自己！

✻明月本无价，高山皆有情。路遥千里，难断相思。人虽不至，心向往之。衷心祝愿您和家人团圆美满，幸福安康！

✻月圆也有云遮月，人生总有坎坷时，生活难免不如意，光明总现黎明时。真心感谢您，无私地给予我最关键的帮助，祝全家幸福，中秋快乐！

✻月升代表我的牵挂，月落代表我的关怀，月盈代表我的惦记，月亏代表我的思念，月牙代表我的真诚，月弯代表我的微笑，月圆代表我的祝福。中秋节快乐！

✻月亮，圆呗；嫦娥，美呗；月饼，甜呗；桂花，香呗；烦恼，溜呗；没事，贫呗；情意，长呗；

祝福，我呗；幸福，你呗；短信，到呗；中秋，乐呗。中秋佳节即将到来之际，提前祝你花好月圆，合家幸福。

✽月缺时我想你，月圆时我念你，无论月圆月缺，我的心如那亘古不变的月光，默默地追随着你的每一次微笑！中秋快乐！

✽月很圆，花更香，保重身体要健康；鱼在游，鸟在叫，愿你天天哈哈笑；手中书，杯中酒，祝你好运天天有！欢乐多，忧愁少，祝中秋节快乐！

✽月亮月亮，笑得圆圆；星星星星，笑得甜甜。送串祝福，表表心愿：中秋快乐，阖家团圆；福禄寿喜，好运连连！

✽月饼爱上馒头，拼命追求，馒头誓死不从。月饼难过：这是为了什么？馒头：俺娘说啦，你肚子里都是花花肠子！

✽一个微笑可以融化沉重的脸，一句安慰可以鼓舞丧气的心田，一点帮助可以减轻人生重担，一次分享可以激励奋发向前！愿我的短信可以温暖你的疲惫。

✽一个月亮一个你，二个影子我和你，三生有幸认识你，四个月来好想你，五湖四海寻找你，六神无主迷恋你，七星伴月围绕你，八月十五我等你。

✻中秋节吃月饼，吃个开心月饼，幸福快乐每一天；吃个健康月饼，身体棒棒病痛跑；吃个爱情月饼，甜甜蜜蜜把手牵；吃个金钱月饼，财源滚滚斩不断！

✻中秋抢占祝福：嫦娥奔月，愿你的事业步步高升；玉兔捣药，愿你的明天福星高照；吴刚伐桂，愿你的前途花开富贵；桂花飘香，愿你的生活幸福无疆。

✻中秋思念心中装，朋友仍旧奋斗忙；身在异地多奋斗，此刻是否很无恙？祝福你能天天乐，亲人身体多安康；此刻绵绵无尽情，祝你平安又吉祥！

✻中秋将到，圆滚滚的祝福提“钱”来报到：愿你快快乐乐喜团圆，钞票滚滚“圆圆”不断，合家欢乐团团圆圆，总之，凡事圆圆顺顺，幸福圆圆满满。

✻中秋到了，送你八轮“月”：身体“月”来“月”棒，笑容“月”来“月”甜，钞票“月”来“月”多，生活“月”来“月”顺。记住，转发就能实现！

✼中秋月影挂晴空，溪光摇曳云路同。平湖渺渺凌波去，伊人飘飘寻月来。闲坐相吟尘音绝，君心犹在天籁中。祝福一声惊绮梦，来年更比月华浓！

✼中秋到了，不要迷恋哥，哥只是传说；不要迷恋姐，姐已经变成嫦娥；不要迷恋月饼，月饼只是个包装盒；迷恋我的短信吧，能带给你节日的快乐！

✼中秋佳节眼看要来，嫦娥仙子繁忙无奈。特招工作助理一名，要求：喜欢兔子，爱吃月饼。面试方式：发短信至本机，内容为“中秋请你吃饭”。

✼中秋节到了一定要吃月饼哦！吃一个一马当先争风流，吃两个成双成对好人缘，吃三个三羊开泰事事顺，吃四个四通八达路路发。吃五个啊，你还要吃啊！祝您中秋快乐，吃好吃饱！

✼祝福串串情谊深，你我共享月夜思。中天皓月似银盘，秋色平分一轮满。节日欢欣送清爽，快乐幸福满一生，乐气冲霄梦终成。祝你中秋节快乐！

✼自古中秋月最明，凉风届候夜弥清。一天气象沉银汉，四海鱼龙跃水精。月到中秋分外明，又是一年团圆日，祝您节日愉快，身体安康！

✻这个中秋太疯狂了，月老竟给你牵红线了，广寒宫变成新房了，玉兔给嫦娥当伴娘了，新郎你也官复原职再任天篷元帅了。我不得不祝你：中秋快乐！

国庆节（十月一日）

✻把握时令，创造时运；成龙成凤，要有自信；态度端正，不要卖命；身体要紧，不要生病；好吃好玩，欢度国庆！

✻大国小国，关注我国；邻国远国，敬仰我国。你庆我庆，大伙同庆；家庆国庆，普天同庆。你快我快，节律加快；家快国快，发展飞快。你乐我乐，众人皆乐；家乐国乐，开心快乐。

✻淡照霜飞的是一丝银菊，书写秋空的是一片月华，温润心田的是一抹恩爱，缘系今生的是一世情缘。国庆佳节，盼望与你相聚！

✻国庆到，真热闹，祖国上下齐欢笑；挂红灯，放礼炮，欢歌笑语喜气高；庆国庆，度良宵，喜庆日子忘不了；庆国庆，祝祖国，一年更比一年好！

✻国庆要爱国，爱国要喜庆。节日期间，凡不开心者、不微笑者、不吃好喝好玩好者、不将自己的快乐传递给朋友者，一概以莫须有之罪名，剥夺郁闷权利终身！

✽国庆节居然不给我发短信，我可是相当的生气，我要狠狠地诅咒你。愿你掉进金山，钻进钱眼，惹上快乐，平安健康天天追杀你，爱情死缠着你不放！

✽过国庆有五愿：国富民强少涨价，太平盛世多加薪，人心舒畅身康健，风调雨顺皆祥泰！收到短信的人每天好事连连，家和万事兴！

✽红旗飘扬照大地，黄河咆哮唱颂歌；风雨同舟几十载，各族人民举赞杯；改革开放创新路，祖国昌盛更辉煌；千言万语难道尽，生为国人最自豪！

✽脚踏一洼困难，走过历史沧桑；肩扛一份傲骨，闯出瞩目荣耀；怀揣一份激情，努力不言放弃；成就复兴使命，描绘共和色彩。祖国母亲我为你自豪！

✽金秋十月，举国同庆；神州大地，繁花似锦；家和国盛，乐曲如潮……借着这伟大而美丽的日子，送上我最诚挚的祝福：天天开心，事事顺意！

✽忙忙之余想想身体，摆摆肩臂弯弯腰膝，打打倒立转转颈脊，起起仰卧减减肚皮，多多步旅松松心气，祝你国庆节万事如意！

✽没有华丽的词藻，不抄袭别人的思考，只送上我真诚的祝福和简单的问好：神啊，希望你保佑这看短信的人平安到老，有我祝福的日子再无烦恼！

✽如果有一天，你走得太倦，只要一转身，我就在你身边！不管离多远，不管多少年，愿我的祝福化为繁星点点，闪在你生命的每一天！国庆快乐！

✽神州奋起，国家繁荣；山河壮丽，岁月峥嵘；江山不老，祖国常春！值此国庆佳节，祝愿我们伟大的祖国永远繁荣昌盛，也愿好运、健康伴你一生！

✽天一片晴朗海一片蔚蓝，你是一种牵挂我是一种守候，留一份真心送一份祝福，露一个微笑洒一抹阳光，编一条短信送一句问候：十一快乐？

✽我愿我的祝福是小溪，悄悄地流淌在朋友的心上，绵绵不绝；我愿我的关怀是枫叶，轻轻地摇着秋日的气息，吹送朋友们的问候，国庆快乐！

✽万里长城扬国威，13 亿儿女撒国辉，两条水龙延千里，文明历史无人比，千锤万凿终不怕，我的祖国最强大！万紫千红迎国庆，举国上下齐欢畅！

❈以稳为基，举国合欢一路顺；与睦为邻，欣喜人民万家欢；守诚如金，信融万物同奋斗；兴旺为任，经济政治齐升腾；和谐为本，瑞气中华展文明！

❈万紫千红迎国庆，片片红叶舞秋风。举国上下齐欢畅，家和国盛万事兴。

❈雨滴的美是晶莹剔透，雪花的美是玉洁冰清，云朵的美是千姿百态，祖国的美是华夏儿女众志城成。万里长城永不倒，向你问声国庆好！

❈一二三四五六七，欢天喜地过十一，祖国越来越美丽，多年老友难忘记，过节总想送点礼，兜里没有人民币，为了让你甜蜜蜜，所以送个短信息。

❈祝福您：国庆、家庆、普天同庆；官源、财源、左右逢源；人缘、福缘、缘缘不断；情愿、心愿、愿愿随心。

重阳节（农历九月初九）

❈重阳为啥要吃糕？因为那天要登高。重阳为啥要登高？欲与天公试比高。重阳节到了，祝你：工资涨得高高，事业飞得更高，心情高乐高，生活步步高！

✻【重】逢共聚九月九，【阳】光丝丝照窗口，【节】日同饮菊花酒，【快】送祝福念亲友，【乐】意登高观菊游。重阳节快乐！

✻重阳节：我国古代以“六”为阴数，“九”为阳数，九月九日正好是两个阳数相重，所以叫“重阳”，也叫“重九”，你知道吗？重阳节快乐！

✻财神今天到，奖金满钱包；出门撞桃花，美女入怀抱；红霞映满天，欧美任逍遥；金秋重阳节，仕途步步高！

✻地位一言九鼎，实力九牛二虎，交际三教九流，朋友遍布九州，烦恼九宵云外，快乐直达九天，机会九星连珠，祥瑞九龙归海，重阳九九大吉！

✻花开花落，岁岁年年。我们相识、相知、相爱、相依。重阳到了，宝贝你要开开心心！以后的以后，在 N 年后的重阳，我已经变成老头子，你也已经是老太婆了，我们还依偎在一起，我还紧紧抱着你，一起赏菊插茱萸……

✻九九重阳，俺用“九阳神功”，炼成祝福短信，凭着“九阴真经”，熔入我的手机，拿出“九五之尊”内力，通过电波传到你的手机，祝你健康长“九”！

✻九日登高望，人烟湖草裹，山翠县楼西。如此美的景色，我们也不要错过，九月九，一起登高赏景如何?

✻九九重阳来，短信送关怀；携一缕秋风，拂去秋日的忧愁；斟一杯菊酒，品味节日的浓厚；佩一支茱萸，除去生活的晦气；发一条信息，带去重阳的惊喜!

✻九九重阳望秋空，金菊红叶染秋风。秋思秋情缘秋起，举杯邀月秋正浓。登高处，笑长空，抬望眼，好前程。茱萸一支寄深情，人共佳节醉秋风。

✻酒越久越醇，朋友相交越久越真；水越流越清，世间沧桑越流越淡。重阳佳节，何不把酒言欢共话巴山夜雨?

✻菊花台，香满怀，思念排成排；雁南归，茱萸飞，友情堆成堆；重阳节，遥望月，祝福白如雪：好运不绝，成功不缺，幸福快乐永不歇。

✻江涵秋影雁初飞，与客携壶上翠微。尘世难逢开口笑，菊花须插满头归。但将酩酊酬佳节，不作登临恨落晖。古往今来只如此，牛山何必独沾衣。

✻六十年内不分离，七老八十手牵手，共渡八千里路云和月，九月九日重阳日，十指紧扣笑会首！

✽如果时间可以倒转，我一定要和你一起过童年，我们捉迷藏，偷地瓜，下河摸鱼，斗蚂蚱，然后我揍你，你哭了，我就会哄你高兴，和你玩，然后再揍你。小子，重阳节快乐！

✽一根扁担挑两筐，三秋雁阵四五行，六六大顺七八项，九九重阳十月忙。农民可亲，丰收喜悦，一起祝福中秋国庆重阳节！

✽一丝秋雨秋意浓，一缕秋风秋情动，一轮明月谁与共，一份思念遥相送，一枝茱萸情义重，一朵菊花香入梦，一条短信你会懂，一片真情重阳祝福中。

光棍节（民间十一月十一日）

✽爱空空情空空，自己流浪在街中；人空空钱空空，光棍苦命在打工；事空空业空空，想来想去就发疯；手机空没钱充，生活所迫不轻松。

✽本人还算不错，走路给人借过，搭车给人让座；平时诚心拜佛，助人二话不说；热爱祖国花朵，关心科技成果；朋友都算蛮多，不嫌女人啰嗦。为啥爱情没着没落。

✽窗前明月光，今天不成双。单身也快乐，单身放光芒，单身最自由，单身有理想；单身最惬意，单身花更香。特别祝你光棍节快乐。

✽池塘的鱼儿总是在冒泡，树上的鸟儿老是在乱叫，路上的人儿总是朝我怪笑，啊！原来有件大事差点漏掉：兄弟，祝你11月11光棍节快乐！

✽都说风速度快，飞毛腿儿比不上，光笑了；都说光亮度高，排行靠前永争高，太阳笑了；都说太阳送温暖，高高在上多孤单，光棍笑了。光棍节祝你愉快！

✽光棍苦，光棍累，半夜还要洗衣裤；光棍怜，光棍悲，喝酒喝醉没人陪；光棍凄，光棍惨，至今孤单过年年；光棍期，光棍盼，未来不再过此节。

✽光棍是一种境界，不一个人过怎能对得起这个口了！

✽光棍节有暗语，仔细看便详知，光棍节不实际，选在11是反意；明里单身暗是双，明修栈道暗陈仓，并排两一快派对，成双成对不光棍。

✽光棍好，光棍妙，光棍的生活呱呱叫；没有吵，没有闹，光棍的日子真逍遥；自己欢，自己笑，光棍的世界真美妙。光棍节日又来到，祝你幸福甜蜜乐陶陶！

✽寒冷天气已来到，光棍生活常乱套。愁啊愁，愁我今冬怎么过，光棍日子最难受；愁我今冬没人爱，光棍处境不奇怪。其实光棍我不坏，值得大家多多爱。

✽你和我，两个人，占空间，是双份；你光棍，我光棍，都寂寞，都伤悲；倒不如，相约定，结伴侣，皆脱单；有人陪，有人伴，不寂寞，愿长久！光棍节愉快！

✽女友几时有，把酒问Q友，不知Q里姑娘，可有男朋友？我欲离Q而去，又恐进Q不易，夜难眠，不应有醉，何时才能把梦圆？女有黑白美丑，男有高矮肥瘦，此事古难全，但愿Q长久，光棍不再有。

✽生姜还是老的辣，做人真是光棍好。一人吃饭都会饱，香茶入肚渴全消。出门潇洒看风景，无牵无挂四方游。今天过节我祝福，万事如意喜洋洋！

✽上联：男光棍，女光棍，自由自在每一分；下联：过一分，少一分，珍惜自由在每分；横批：祝你11月11日光棍节快乐！

❋赏鱼儿戏水成对游，看蝴蝶恋花双双飞，顾自独影莫自怜，朋友围绕笑声欢，亲人关怀心头暖，有爱就不会寂寞。光棍节快乐！

❋夏天也好，冬天也好，会关心自己就好；光棍节也好，七夕节也好，节日过得愉快就好；祝你玩得潇洒，祝你平安健康，祝你尽快寻到真爱！

❋11 月 11 光棍节，单身贵族不怕邪。情侣牵手度蜜月，我叫朋友吃宵夜。我是光棍我怕谁，日子逍遥快乐随。别去羡慕恩爱秀，鞍前马后难伺候。光棍节是稀罕货，过一个就少一个。此时不过何时过，天下光棍齐欢乐！

❋有诗曰：光棍不要紧，只要感情真，单身俺一个，幸福兄弟们。

❋祝福短信我来发，光棍开怀笑哈哈。节日不分人和小，快乐潇洒真热闹。万事都随风刮掉，如意才会无烦恼！

❋值此光棍节前夕，我代表左邻右舍、大姨妈二姨婆、父老乡亲及全国的男女同胞，对还单身的你表示慰问，并传达命令：立即恋爱！务必今年变成双截棍！

感恩节（十一月第四个星期四）

✻不能在严寒里送一件衣衫温暖你的胸膛，不能给你炖一锅鸡汤将你的身体强壮，只因孩子身在远方，不能陪伴你的身旁。感恩节里，唯愿父母安康，说一声谢谢表达衷肠。

✻当微风拂过树林，当露珠滴落叶尖，当溪流汇入江河，当白云投进波心，当花香浸入夜色，当月光洒满池塘，当关怀轻扣心扉，我们便懂得，生活就是感恩。

✻对于未知的事物我总是充满好奇，但是你让我的好奇心得到了一一满足。在我好奇火鸡的样子时，你的出现及时解答了我的疑惑，感恩节来临，感谢有你！

✻沙对风说：感谢你带我浪迹天涯；地对天说：感谢你呵护我暮暮朝朝；树对花说：感谢你让我美丽动人；我对你说：感谢你陪我走到今天。感恩节，愿你快乐！

✻感谢岁月让我遇见你，感谢缘份让我爱上你，感谢时间让我思念你，感谢友情让我感动你，感谢四季让我陪伴你，感谢生活让我祝福你！感恩节快乐！

✻感恩节到了，送礼要用心：孝心送父母，真心送爱人，爱心送子女，关心送朋友，舒心送生活，尽心送事业，热心送社会，善心送他人，开心送自己！

✻感谢生命的赐予，感谢缘份的相聚，感谢快乐的分享，感谢风雨的洗礼，感谢真诚的感动，感谢信念的坚持，感谢天地的博大，感谢四季的温暖。感恩节快乐！

✻感恩如无言之爱，润物无声；感恩如无字之书，句句真理；感恩如不竭之泉，饮水思源；感恩如不灭之火，照亮人生。懂得感恩，快乐你我。感恩节快乐！

✻感恩节来了，向天下所有和我见过面的、聊过天的、吃过饭的、来过电的、同过班的、闯过滩的、收过我短信和发给我短信的帅哥美女们说声：谢谢了！

✻感恩节了，给父母捶捶背，算是尽孝；给老婆捏捏脚，算是尽情；给领导陪陪笑，算是尽忠；给朋友发发短信，算是尽意。我的短信飞来了，快乐吗？

✻感谢父母生命的给予，感谢朋友友谊的真谛，感谢恋人爱情的偎依，感谢之情无处不在，感恩的心汹涌如海，在这个特殊的日子里，学会感恩吧，将你的谢意传递给身边的每一个人。

❉饥饿时，是你让我品尝到美味；寒冷时，是你让我感受到温暖；孤独时，是你让我领略到热闹。感恩节到了，我要含泪告诉你：谢谢你，火鸡！

❉境由意造，物由心生，舒怀望远，感恩相待。学会感恩，才会步入人生的悠闲处；学会感恩，才会迈进人生的欢乐谷；学会感恩，才能走到人生的登高处。

❉炉火升起心中的温暖，鹿肉唤起美好的记忆，南瓜饼包裹生活的香甜，火鸡衔来一年的好运。冥冥中感谢生命，生命中感谢有你。感恩节快乐！

❉没有你，我不懂得做人的道理；没有你，我不明白生活的真谛；没有你，我不知道生活的意义；没有你，就没有今日的业绩。谢谢你，感恩节里愿你接受我真诚的谢意。

❉每一年，感谢春夏秋冬的绚丽多彩；每一月，感谢月盈月缺的美好祝愿；每一天，感谢白昼黑夜的默默陪伴；每一刻，感谢你的关心无限。感恩节快乐！

✻念亲恩，寸草如何报春晖？谢师恩，桃李满园吐芳菲。感友恩，不离不弃情谊深。记妻恩，相濡以沫爱相随。感恩节，感谢生活、感谢命运、感谢有你！

✻人生如戏，感谢你陪我在一起走过这舞台；岁月如梦，感谢你陪我在这梦境创造无限精彩。感恩节快到了，真心说一句：人生有你，真好；一路相随，谢谢。

✻让我怎样感谢你，当我走向你的时候，我原想收获一缕春风，你却给了我整个春天。感谢的话毋宁多言，总之，你是我一生的知己好友！

✻世上有一种情，是海枯石烂；世上有一种缘，叫缘定三生；世上有一种人，是终生难忘；世上有一颗心，名字叫做感恩。今日感恩节，愿你有一颗感恩的心。

✻三生有幸，我能成为你的朋友。二话不说，我愿为你赴汤蹈火。一成不变，是我们之间的友谊。我心存感激，在感恩节这天祝你开心、快乐！

✻树欲静而风不息，子欲养而亲不在，不要等到他们老去的那天，才知道珍惜。感恩父母，珍惜眼前，有时并不需要太多言语、太多动作，或许一条短信也足够！

✻神说：幸福是有一颗感恩的心、一位忠诚的爱人、一个健康的身体、一份称心的工作、一帮信赖的朋友。当你收到此信息，一切将随之拥有！感恩节快乐！

✻时间是我们的爱神，邮局是我们的月老，手机是我们的媒人，未来是我们的红地毯。我感谢它们把你带到我身边，我的心也因有你，而对这个感恩节特别满足！

✻时光催得人颜老，有个朋友忘不了；遥想当年对我好，铭记在心不能少；感恩节日今来到，我的祝福要送到——感恩时节祝你好，愿你天天少烦恼！

✻天地间有一种东西叫雪，从天而降，落地而化；人世间有一种东西叫爱，自吸引中诞生，升华中融洽；朋友中有一个人是你，识于偶然，止于永久。感恩节快乐！

✻我不是天使，但我拥有天堂；我不是海豚，但我翱翔海洋；我没有翅膀，但我俯视阳光；我没有三叶草，但我手捧希望！因为我有你，我的朋友，感恩节快乐！

✲无论将来如何，我都要感谢你，感谢你在我的生命中带来了美丽、快乐，感谢你给我永远珍视的记忆。在这个本身就值得感谢的日子里，想对你说：幸福每一天。

✲向家人感恩，浓浓亲情相依相偎；向爱人感恩，甜蜜爱情浪漫相随；向朋友感恩，情义无价有你相陪；向生活感恩，懂得知足快乐加倍！感恩节快乐！

✲向龙王借来圣水，对你滋润；向玉帝借来玉旨，对你封赏；向月娘借来月光，送你温暖；向太阳公公借来日光，点亮祝福：祝你感恩节快乐，前途无限光亮。

✲有两个字，可以让荒漠变成绿洲，可以让小溪变成大海，可以让尘埃变成高山，可以让怨恨变成关爱，那就是：感恩。感恩节来临之际，愿你享受感恩的快乐！

✲鱼感谢海，因为碧波的浪漫；鸟感谢天，因为灵动的空间；鹰感谢山，因为俯瞰的高度；我感谢你，因为生命的温暖。感恩节，传祝愿，爱与感动在心间。

✲用快乐的心创造生活，用进取的心赢取未来，用公正的心评判是非，用宽容的心融入社会，用真诚的心浇灌希望，用感恩的心感受世界。祝感恩节快乐！

✽用真诚经营爱情，用执着追求事业，用善良对待朋友，用平淡对待磨难，用虔诚祈盼幸福，用感恩回报人间。心随爱走，爱遂心愿，祝你感恩节快乐！

✽一个健康的身体，一份称心的工作，一位知心的爱人，一帮信赖的朋友，一项投入的事业，一种宁静的心境，一份快乐的心情，只是因为：懂得感恩！

圣诞节（十二月二十五日）

✽别傻了，还等圣诞老人呢?！今年他老人家不会来了，因为去年他被你的臭袜子熏怕了！也就我能迁就你，捏着鼻子对你说一句：圣诞快乐！天天开心！

✽喜欢春天的生机盎然，夏天的翠绿荫荫，秋天的硕果累累，冬天的白雪皑皑，更喜欢在每年的这个时候，为我喜欢的人送去我的祝福：圣诞快乐！

✽哒哒哒，马蹄响，圣诞老人下凡来，大家赶紧来听好，门窗都打开，长袜准备好，迎接圣诞老人的礼物和祝福。祝你圣诞快乐、好运连连、健康快乐、合家幸福！

✻带上厚厚的帽子，围上暖暖的围巾，盯着雪白的窗外，想着远方的朋友。发一条短信，送一个祝福，做一个好梦，顺便能在圣诞节收到你的礼物。

✻风吹雪飘圣诞到，一个老头钻灶膛，大家一定要当心，别让喜悦上了头。送送礼，收收情，开心来把圣诞过。发条短信祝福你，愿你开心一整天。

✻见到信息许心愿，今日帮你来实现，爱情友情和亲情，健康如意和财源，只要诚心来期盼，三秒之内来身边，哄骗短信是炸弹，只为逗你在圣诞！圣诞要乐哟！

✻铃响回荡在我的耳中，随着记忆渐渐清楚；雪花飘落在我手心，随着笑容慢慢模糊；幸福定律落在了你的手心，谁会给你安慰，圣诞的夜晚有我与你相陪。

✻没有雪花，依然浪漫。即使寒冬，倍感温暖。烛光摇曳，华灯璀璨。炉火熊熊，张灯结彩。圣诞树下，礼物如山。钟声敲响，吉祥浪漫。祝福声声，幸福永远！

✲你的眼神让我陶醉，你的身姿让我犯罪，你的气度让我夜不能寐，可惜不能把你追随，只好道声保重眼含泪：再过几天到圣诞，你又要拖着那个老头去受累。

✲平生最有缘，安得与君期，夜夜梦见君，最盼君能知，想念无限好，和风细雨中，你有相思木，在我心海里，一生携君手，起誓最爱你！（请看每句第一个字）

✲圣诞节，为你种下一棵圣诞树，用友谊灌溉，能生出真诚之根、发出关怀之芽、长出感恩之叶、立起健康之冠、结出快乐之果、开出幸福之花！

✲圣诞传说：信息发一发，钞票任你花；信息看一看，幸福围你转；信息读一读，快乐你做主；信息翻一翻，吉祥连成串；信息转一转，好运永做伴。祝你快乐圣诞！

✲圣诞节快到了，我用我专业十级英语祝福：藕买达零，买低儿，爱辣无油，眯死油馊麻吃，爱旺特吐磕司油，爱你的油，嗷，抗氓被逼，抗氓！科瑞斯么斯。

✲圣诞老人迷路，乘着驯鹿四处求助，偶然路过我的窗户，顺手递我一个礼物，叫我小心呵护，在圣诞节的时候代他送给你，愿你圣诞快乐收获幸福。

✻送你一棵圣诞树，挂满我的关心与爱意；送你一颗巧克力，装满我的柔情与蜜意；送你一个大蛋糕，做成相思爱恋的味道；把我装进圣诞老人的袋子送给你，只希望给你惊喜。圣诞快乐！

✻万能滴圣诞老人啊！请在圣诞节赐一件棉袄给那个不给我打电话、不给我发短信、不请我吃饭、不想念我不祝福我的驴吧，好让它暖暖和和快快乐乐滴打滚。

✻为你炒份蛋炒饭最简单也最困难，饭要粒粒分开还要沾着蛋。今天就吃蛋炒饭最简单也最艰难，只能吃饭不能吃蛋，最高境界是分离蛋饭，祝你剩蛋快乐！

✻我爬过烟囱，穿过窗；拉过雪橇，踏过霜；挂过礼物，化过妆；扮过老人，送福光：愿你幸福快乐，过平安；吉祥如意，事成双；圣诞佳节，享平安。

✻想你想的快完了，半夜眼睛都蓝了，买东西都忘给钱了，猪肉炖粉条都不馋了，1 +1 =3 都觉得难了，赵本山都看成孙楠了，再不祝福你，圣诞都要过完了。

✻又没有惹你！脸涨红个啥？眼珠子瞪得跟小圆豆似的！知道你做事忒认真，不许别人侵犯你的隐私，完事了还唱歌。那就不打搅你了，祝你“生蛋”快乐！

✻主耶稣的新年福音：要善待别人，要善待给你发短信的这个人；要经常请他吃饭，常买礼物给他，将你身上罪恶的金钱全部给他，主耶稣爱你！阿门！

✻昨夜思友无数，算来属你最酷。众里寻你千百度，蓦然回首，你却在鸡窝深处！翅膀扇动，咯嗒咯嗒，惊起母鸡无数！祝你生蛋快乐！

✻在冰雪还没飘下，圣诞老人还没睡醒，圣诞树还未长高，袜子还没挂上窗前，礼物还未准备好，大家的祝福还没有漫天弥漫之前，先祝你圣诞快乐，天天开心！

✻装满一袋袋的爱心，装满一箱箱的爱恋，装满一车车的祝愿，委托圣诞老人送到你的身边，愿你将我的爱深深体验，感受我无边的思念，祝你圣诞快乐，甜蜜每一天。

交际

生日快乐

♬一碗长寿面，祝你健康好，两个红鸡蛋，祝你福气多，三盏贺生酒，祝你禄常有，福禄寿全齐，人生又走一步棋，祝你生日快乐，步步好棋。

♬长长的距离，长长的线，长长的时间，长长的挂念，长长的日子，长长的祝愿，每逢今日送身边，远方的我在祝愿：生日快乐，不止在今天，而是天天年年无边。

♬点一支蜡烛，照亮你的笑容；扎一个蝴蝶结，拴紧你的福运；放一首音乐，唱响你的愿望；发一条短信，庆祝你的生日；寄一份祝福，愿你永远快乐。

♬风雨沧桑坎坷路，成败都归尘与土，放下奔波享人生，悠闲自得享清福，儿孙膝下都缠绕，天伦之乐共此时！祈愿父亲生日快乐！

♬风吹的是温柔，花开的是幸福，雪飘的是甜蜜，月照亮的是你的心，风花雪月为你祝福，真心真意为你送上礼物，亲爱的，祝你生日快乐。

♬花儿很灿烂，阳光很温暖，和风送清香，绿荫罩吉祥，鸟儿叫喳喳，虫儿也欢颜，原来你生日，万物都送爽，告你好消息，祝福到身旁，祝你生日快乐永安康。

好女人简简单单，好情谊清清爽爽，好缘分地久天长。祝你美丽压群芳，善良传四方，温柔力无挡，青春一百年！生日定要快乐哟！

欢天喜地娶新娘，庆典仪式万人忙；生龙活虎幸福长，日新月异身体棒；祝你事事也吉祥，快乐围绕在身旁，乐不思蜀财运长。读每句第一个字有惊喜。

今天是你的生日，送你惊喜连连：先送你好运紧紧缠绕，再送你快乐时时相伴，后送你健康快乐以待，最后送你幸福溢满心怀！祝你生日快乐！

今天工资拼到手，决定请你大鱼大肉，KTV找美女伴奏，桌上摆满名烟名酒，一次请你 high 个够，愿你每天斗金不离手，愿你每天生活乐悠悠，愿你生命与天共长寿，愿快乐幸福时刻将你守候，虽然生日祝福简陋，爱你之心时刻胸中有，生日快乐。

今日生日你最大，上刀山下油锅只要你开口，我都来满足，不过有个前提哈，就是今天你要开开心心，另外嘛，就是请我吃大餐，哈哈，考虑好了联系我哦！

♫今天生日你最大，许个愿望会发芽，朋友祝福来浇水，好运施肥梦成真，我的短信锦添花，剔除杂草幸运撒，愿望成真幸运收，和和美美赛神仙！

♫搅拌生活的纷纷扰扰，装点生活的磕磕绊绊，把幸福涂上温暖的颜色，给快乐一个充分的理由，送上我亲手制作的爱心蛋糕，祝你生日快乐。

♫梦在醉，有你来陪；心在醉，有你相随；情在醉，有你依偎；日子在醉，有你才甜美。亲爱的，今天你的生日，愿快乐把你追，幸福将你围。生日快乐！

♫你的开心我知道，我的烦恼你知道。你的愿望我知道，我的感动你知道。你的生日我知道，我的祝福你收到。让友谊为快乐开道，幸福平安将你围绕！

♫零点零分零一秒，我的祝福刚刚好，昨夜星辰昨夜梦，今日许愿今日圆，生日生活生财气，快乐快活快甜蜜，朋友，祝你生日快乐，万事如意。

♫年年岁岁花相似，岁岁年年人不同。遥想呱呱坠地日，不知不觉又一重。借问是喜还是忧，众人皆言喜临门。祝你生日快乐，福如东海，寿比南山！

朋友念着你，生日祝福你，好事追着你，烦恼躲着你，健康伴随你，病魔隔离你，开心跟着你，痛苦远离你，生活宠着你，万事顺着你！

生日快乐青春驻，朋友挂念送祝福，日月穿梭在轮转，真挚友情长相伴，笑容灿烂在洋溢，要论快乐你最甜，生日蛋糕都尝遍，幸福一年胜一年，生日快乐！

生日祝福唱起来，美好的旋律传开来，曼妙的身段舞起来，欢乐的心儿跳起来，你我的手儿牵起来，真诚的情谊不分开，祝你生日快乐！

生日送你宝马车，成功路上乐悠悠。生日送你依波表，真情无限到永久。生日送你派克笔，温文尔雅写传奇。生日送你红牡丹，富贵吉祥没有头！

生日快乐，快开可乐。吃你蛋糕，送你啥呢？买件礼物，感觉太贵。送朵鲜花，花钱太多。免费KISS，意下如何？亲爱的，祝你生日快乐！

虽然不能与你共度良宵，不能为你点燃蜡烛，不能看你许下心愿，但老公有千言万语从内心生起，默默地把祝福点燃！老婆生日快乐，希望您多多保重身体，快乐地度过这一天！

生日宴席，我给你点几道菜：水煮鱼，祝你年年有余；红烧肉，祝你红红火火；番茄虾，祝你有个温馨家；拌青菜，祝你健康愉快。祝你生日梦想成真。

送你玫瑰，算了，太贵会心疼的；送你巧克力，算了，吃了你会胖的；帮你点上蜡烛，算了，你的情人会妒忌的；还是发条祝福得了，你会觉得温暖的。祝生日快乐哟！

生命只有一次，愿你把一世的幸福抓牢。生日只有一天，愿你时刻开心每分每秒。祝福只有一条，给你一个健康平安的金钟罩！生日快乐！

送你康乃馨，你一定说我浪费，送你蛋糕，你一定说我夸张，送你现金，你一定说自己不缺，那我就送一条短信吧，老爸，生日快乐，永远年轻。

送你一个聚宝盆，英镑、美金、人民币，希望你花不完，送你一个健康包，心康、脑康、全身康，祝愿你一生健康，朋友，祝你生日快乐。

岁岁月月年年，日日暮暮朝朝，今时今日一相逢，便胜却人间无数，朋友生日无限好，我送祝福来添笑，愿你天天好运罩，福富双收乐逍遥。

太阳爸爸和太阳妈妈生了个太阳儿子，我们应该说什么祝贺词恭喜他们？想出来了吗？答案：生“日”快乐！

无法可修饰的一对手，带出温柔永远在背后，纵使啰嗦始终关注，不懂珍惜太内疚，老妈，对不起让你操劳那么多，今天是你生日，祝你生日快乐，我真的爱你。

我的信息是法宝，收到艳阳高高照，快乐抓紧向你靠，幸福急着来报到，吉祥哪也不敢跑，财神马上将你抱，齐声向你问声好，祝你生日乐逍遥！

蜗居虽小，温馨就好。蚁族虽苦，有梦就好。物价虽高，节省就好。心事虽多，看开就好。挣钱虽少，平安就好。放下思虑，吃吃蛋糕。生日快乐！

笑容绽放如花，我祝你永远十八，美丽动人给力，事业身体如意，要问我为什么话语如此甜蜜，因为今天是你生日，我想给你我的心意。

星星物语夜空挂，嫦娥姐姐也牵挂，牛郎织

女谈情话，天上人间成佳话，看短信你不说话，聚精会神打电话，眼睑翘起乐开花，心中幸福在发芽，上面祝福的字好大：生日快乐哈！

友谊靠经营才常青，人生靠扶助方坦平，生命靠养料可滋生，日月靠点缀更亮明，快意靠平淡来见证，乐陶之境显心情。（藏头短信首字相连）

用快乐包装礼物，用甜蜜制作蛋糕，用浪漫调制红酒，用幸福点燃蜡烛，亲爱的今天是你的生日，愿我的每次心跳变成流星，让你的愿望全部成真。

摇曳的烛光，点亮你的生日；深情的吟唱，寄予我无限的祝福；漫天的流星，兑现你的每一桩心愿。把蛋糕放在嘴里，笑在脸上，甜在心间。祝你生日快乐！

愿你时时刻刻有快乐相伴，分分秒秒与好运缠绵，日日夜夜与安康为伴，年年岁岁有幸福开颜，朝朝暮暮有如意携腕。生日快乐，愿你常与开心做伴。

悠悠的云里有淡淡的诗，淡淡的诗里有美美的情，美美的情里有绵绵的喜悦，绵绵的喜悦里有真真的祝福，今天是你的生日，祝你生日快乐、健康长随。

鸳鸯成双成对，那是幸福的滋味；蝴蝶蝶恋陶醉，那是甜蜜的滋味；你我此生依偎，那是生活的滋味。亲爱的，今天你的生日，愿快乐萦绕你周围。

走过万水千山，也曾百转千回，道路坎坷曲折，人生历练风雨，看透世间百态，领悟生活真谛，父爱厚重如山，我依然爱您如昔，祝您生日快乐，愿幸福永无归期！

早上一睁眼，喜鹊窗外叫。苦思冥想之，今日你生日。不在你身边，短信真情表。健康常相伴，快乐时时随，夜夜睡得香，生活烦恼消。生日快乐噢。

烛光交辉映甜蜜，长寿面来缠幸福，红酒醉人心中美，良辰美景庆生日。恭喜，恭喜，又长大一岁，祝你在新的一岁里事事顺利！生日快乐！

在你的生日来临之际，我搜肠挂肚地想该送你什么礼物，终于让我想出了一句特有技术含量的话："猪"你生日快乐！外加"心想事成"大礼包一份！

日常问候

一丝真诚胜过千两黄金，一丝温暖能抵万里寒霜，一声问候送来温馨甜蜜，一条短信捎去我万般心意，你快乐是我最大的心愿。

♫一阵秋雨编织凉意，一瓣落花犹有余香，一分执着追逐梦想，一份真诚深藏心间，一条短信传递思念，一声问候回响耳畔：秋日来临，注意添衣！

♫白云从不向天空承诺去留，却朝夕相伴；风景从不向眼睛说出永恒，却始终美丽；我没有常同你联系，却永远牵挂你。

♫不是开花都能结果，不是付出都有收获，不是每个花瓶都是摆设，不是每次问候都能给你快乐，不是每次我想你时你都在想我。

♫北雁南飞，秋收冬藏，一天更比一天凉，注意保暖添衣裳；走南闯北，山高水长，路漫漫兮人忙忙，保重身体要健康。秋雨潇潇秋风扬，朋友问候到身旁。

♫对你的思念从未减淡，对你的感觉妙不可言；对你的承诺从不食言，对你的关爱永存心间；这一刻你是否能听见？听见我祈祷上天，希望你快乐每一天！

♫多一点快乐，少一点烦恼！不论钞票有多少，每天开心就好，累了就睡觉，醒了就微笑，生活的滋味，自己放调料，收到我的短信笑一笑。

都道天凉好个秋，快乐凌云不言愁。岁月迢递人无忧，愿君更上一层楼。一夜秋风凋碧树，祝你昂首青云路。祝福秋雨滴到明，秋来愿你好心情。晚安。

工程奠基要择吉日，企业开张要择吉日，谈生意也要择吉日，结婚请酒更要择吉日……在这普通的日子，送条温馨的短信给你，因为问候是不需要择日的！

花黄燕飞美妙，心情绽放微笑。阳光将你笼罩，快乐和你嬉闹。问候因你来到，烦恼迎风就倒。开心永远不老，疲惫一路后跑。舒舒服服睡觉，夫唱妇随美好。甭管钱多钱少，幸福一路飙高。春来温差较大，一定得防感冒。言多不知所云，特意向你问好！

哈哈是开心的笑；呵呵是会心的笑；嘻嘻是暗自窃笑；哼哼是独自冷笑；嘿嘿是诡异的笑；吼吼是皮笑肉不笑。短信博你一笑，你敢不笑，下次见面，管吃管喝带陪笑！

好久不见，你还好吧？事业爱情都如愿吧？是否升上了经理枝桠？是否娶了心仪的她？是否已有温馨的家，是否已有牵挂的娃？记得常联系哦！

寒气弥漫，露华升腾。清秋紧锁，寒气袭人。知冷知热，冷暖自知。朋友牵挂，寒露时节。一笔一划，写满真情。一字一句，唠念于心。情浓意浓，天凉添衣！

季节交相替，友情长相忆。大雁南飞去，落叶风中戏。寒暑不可避，冷暖多留意。山水隔距离，问候遥相寄。匆匆虽难聚，心中倍珍惜：千万保重身体。晚安。

来瓶可乐让心情快乐，来瓶醒目让思想醒悟，来瓶芬达让幸福到达，来瓶果粒橙让心想的事儿都能成，来瓶冰红茶让六月清爽一夏，再来一瓶我的问候让你微笑一下。

葡萄香蕉红苹果，祝你想念有结果！萝卜黄瓜大白菜，愿你天天惹人爱！可乐清茶白开水，望你夜夜都好睡！

秋水共长天一色，思念与关怀齐飞。让秋霞带着快乐把你追随，让鸿雁衔着好运与你作陪。秋叶碎，秋景美，秋风也沉醉；多保重，祝幸福，问候情珍贵。

秋已至，暑气逝，雨声碎，月静美，天青翠，水妩媚，景陶醉，情相随，思念意，遥相寄；朋友情，长相忆，变天气，多注意，冷添衣，顾身体。祝朋友，早晚安。

热热的天开心的你，特别的日子注意身体；轻轻的风纯纯的你，不要让太阳晒着你；潇洒的阳光柔情的你，今天所有的美丽都属于你！

日落西山涧，月在东海现。炊烟袅袅起，万物归静然。清风伴明月，虫鸣伴君眠。短信报晚安，好梦到君前。待君入梦时，福运抚君面。问候抵眼前，愿展开心颜。

上 QQ，你隐身。开群聊，你潜水。打电话，你占线。发电邮，你掉线。按门铃，无人应。发短信，唠一唠。天凉了，窝里别忘垫草！

天地本是无情物，谢天谢地有道理。天降馅饼砸到你，地送快乐呵护你。平时难得遇到你，遥相问候是真理。朋友从不讲道理，常常联系硬道理。

买一处房子，在城市就行；有一个老婆，人善良就行；交一些朋友，谈得来就行；换一个工作，稳定点就行；许一个愿望，父母安康就行。

万重关山，思念隔不断；岁月流转，友情冲不淡。记忆中的片断，总带给我温暖。一路相伴，一路牵绊，一路肩并肩，不怕路漫漫。祝幸福如阳光灿烂。早安。

我们跟着时间走了，时间跟着青春走了，青春跟着生命走了，生命跟着城市的喧嚣走了，喧嚣跟着我们儿时的牵挂走了，牵挂跟着我的问候走了，朋友，你还好吗？

心愿是风，快乐是帆，祝福是船。心愿的风，吹着快乐的帆，载着对你祝福的船，飘向快乐的你，轻轻地问候一声：你好吗？

夏日高温不退，生活枯燥无味，革命工作太累，个人身体宝贵，多吃瓜果是对，再烦也要去睡，找个时间聚会，地方不要太贵。

眨眼之间，秋已来到；轻声问候，是否繁忙？冷暖交替，健康注意；保暖做好，以防受凉；饮食卫生，多加关注；保重身体，快乐无恙！

周末休闲

一二三四五六七，上班五天到假期，随心所欲享周末，短信祝福更惬意！周末愉快！

♬一周有五天无味，有两天陶醉。趁阳光明媚，把快乐约会。可以蒙头大睡，消除心中疲惫，可以户外晒背，让烦恼全部崩溃。周末很珍贵，愿你幸福翻翻倍。

♬把不忙不闲的工作做得出色，把不咸不淡的生活过得精彩，把不紧不慢的周末度得快乐，把不温不火的祝福发得欢快：祝你周末快乐。

♬不要坐立不安，假期会来的，不管领导放不放行；不要东张西望，悠闲会有的，不管电话打不打扰；朋友，周末总会有的，不管你相不相信，反正我信了。

♬把日子泡进清茶，慢慢地品它；和鱼儿通个电话，带饵的鱼钩等着它；树荫下，找个话题大家来搭；静卧草地，看浮云染成晚霞。周末了，去享受这份悠闲吧！

♬从早晨到傍晚，脚步匆匆不敢放缓；从明亮到昏暗，事务繁杂处理不完；从周一到周五，忙忙碌碌腿痛腰酸。周末到，享安闲，享受生活开心尽然！周末愉快！

♬晨光宜人景色俏，早起锻炼身体好；落日黄昏静悄悄，携手散步心情妙；烹制品尝美佳肴，娱乐游戏趣味高。短信往来聊一聊，愿你周末乐陶陶！

愁情烦事全部丢掉，敞开怀抱面带微笑。忙碌的工作没完没了，保重身体十分重要。抓不住的年少，挣不完的钞票，何不多与亲人抱抱，多跟朋友闹闹，让浮躁的心情变得美妙，让漂泊的心灵有个依靠。又是一个周末到，放下一切活蹦乱跳，愿你快快乐乐自在逍遥。

放下工作的压力，与操劳说声“拜”；呼唤休息的脚步，与娱乐说声“嗨”。快乐的大门今日敞开，灿烂的笑容绽放开来，祝福的话语温暖心怀，祝周末愉快！

黑色星期一，总是像夜晚一样黑暗；蓝色星期二，总是像大海一样没底；绿色星期三，总是像草原一样没边；白色星期四，总是像白云一样卷曲；黄色星期五，总是像黄金一样诱惑；谜一样的周末，总是像你一样快乐。

好久不见，该小聚了。拉拉家常，掏掏心窝，追求幸福，有套路的。夫妻之间，别总腻着；爱好很多，选共同的；隐私不问，好事快说；招数很多，周末请客，为你解惑。

快乐不需要背景，留下欢笑背影就行；幸福

不需要地位，过得舒坦开心就行；祝福不需要煽情，问候达意就行。问候问候，联系联系，周末祝你一切如意！

看露珠跌落小草，去聆听世界的美妙；看云霞暮暮朝朝，去追随风的逍遥；看流星提着灯笼在跑，去享受这份静谧美好。周末来到，祝你心情大好！

看到短信笑哈哈；男人帅来女人花；美眉可以怀中搂；帅哥拉你湖边走；辉煌事业步步升；悠闲自在享安平；前提请你要记清：周末快乐，好心情！

老婆怀中抱，孩子牵牵手，温馨身边来存留；做顿红烧肉，小酒饮两口，逍遥自在无烦忧；晨起散散步，闲来溜溜狗，快乐心情握在手。祝周末幸福乐悠悠！

每个人，都有一个世界；每首歌，都有一个故事；每一周，都有一个周末；每个人，都要一个愿望。我的愿望很现实：周末清晨，搅黄你的美梦！周末快乐！

忙了五天，也该自由了；累了五天，也该休息了；苦了五天，也该轻松了；盼了五天，也该来到了。周末终于在声声的期盼中到来，愿把快乐融进在你周末时光里。

♬你随便那么一帅，美女就把你赖；你随便那么一站，交通全都瘫痪；你随便那么一笑，全世界都为你尖叫。周末到，你随便那么一过，心情就会一直快乐。

♬闹钟在吵，电话在闹，领导周末不让睡早觉；虽然事琐碎，尽管有点累，相信对你无所谓；加油干，多表现，多涨薪水早提干；不叫苦，不喊累，下班回来早点睡。

♬拿把浪漫的拖把，打扫幸福的家；躺在温馨的沙发，拥着可爱的她；厨房快乐勺子拿，甜蜜味道随意加；漫步逍遥似神仙，祝你周末笑哈哈！

♬秋雁两行，祝福成双，幸福快乐正飞扬；秋雨几滴，瓜果飘香，一生情谊记心上；周末登场，快乐奉上，烦恼忧愁被阻挡，送你周末好时光。

♬身体是革命的本钱，多养身；平安是幸福的方向，多保重；勤奋是成功的筹码，多努力；开心是快乐的源泉，多微笑；周末是心灵的港湾，多休息！

上班累，上班烦，天天都把周末盼；上班困，上班倦，下班时间秒秒念；短信短，意不简，送去问候你欢颜；不唠叨，不埋怨，平心静气把钱赚。短信俗，情不俗，对你俺是天天念；莫激动，莫哀叹，要想平衡回复俺。

听说周末你要上班，特发短信来陪伴，亲爱的朋友你好好干，下了班后我请你吃饭，看你现在笑得多灿烂，我的话还没说完，吃饭归吃饭，饭后你买单。

辛苦工作何时了，寂寞知多少，今日喜逢又周末，压力不堪回首逍遥过。忧伤烦恼应不在，请将笑容改。问君快乐何时休，恰似一江春水无尽头。朋友，记得快乐哟！

鱼儿希望到处都是水，蜜蜂希望到处开满鲜花，我们希望每天都是星期天。闭上眼睛，向天许愿，虽然不能实现，但也要大声喊出来：周末愉快！

夜晚住宿莫忧愁，家中床铺温情多；美食诱惑动手做，干净清洁细菌少；别人花钱你省钱，节省开支节省钱；睡觉睡到自然醒，浑身舒坦乐悠悠。祝你周末愉快！

用快乐塞满生活，让幸福来敲门；用简单描

绘生活，让舒坦来欢呼；用悠闲铺满生活，让逍遥来编织；用关怀铺满生活，让幸福来洋溢。祝你周末幸福悠悠！

♬又是轻松周末，心情好得唱歌。到处走走逛逛，看谁比你快乐。娱乐比比手气，闲聊趣事多多。运动小试身手，洒点汗水快活。周末还原自我，祝你开心洒脱！

♬又到周末了，得向幸福继续小跑。让烦恼在心里烂掉，让工作忘得静悄悄，让疑惑百度谷歌去找，让心情伴着音乐美妙，让舒适在沙发上来靠，祝你乐得逍遥！

♬周末见见面，合作更无间；一起喝喝茶，关系更融洽；坐着聊聊天，心情乐无边；一同吃个饭，关系不平淡。周末了，朋友，出来见见吧！

♬周末到，莫烦躁，好心情，莫抑郁；烦恼事，要忘记，放轻松，缓压力；散散步，喝喝茶，看风景，心平静；要乐观，要开怀，心舒坦，幸福展。愿秋来如意！

♬周末到，睡懒觉，口水横流莫要笑；打呵欠，伸懒腰，烦恼一脚给踹掉；酒一端，心放宽，生活陶醉在云端；想走走，想乐乐，不羡神仙羡你我。

周末快乐！

♫周末送株幸运草，收到心情无比妙，出门福星高高照，路遇财神来报到，桃花运少不了，遇到美女投怀抱，请你不要吓一跳，全是祝福作用妙，谢谢我吧！周末快乐哟！

♫周末到！愿你和快乐来抱抱，和幸福来靠靠，对好运来笑笑，与舒心来闹闹，把烦恼都赶跑，让压力都消掉，健康时时围绕，放松放松，快乐逍遥！

♫周末祝福我给力，清楚烦恼送如意，剥夺忧伤献甜蜜，打劫疲惫和压力，请你收藏放心底，幸福财神跟着你，切记周末多笑意，逍遥自在没问题！周末愉快哟！

♫周末快乐没道理，逛街散步遛狗去，没有烦恼和压力，快乐笑容属于你，电玩上网游戏机，生活处处是惬意，祝你生活多如意，快乐周末数第一！

♫周一活力相伴，工作加油；周二忙碌相伴，生活加油；周三浪漫相伴，爱情加油；周四健康相伴，身体加油；周五家人相伴，温馨加油；周末快乐相伴，美丽加油。

♫周一歇歇气，周二缓缓神，周三发发愣，周四干干活，转眼到周五，明天就周六，愿你快乐夜不归宿，潇洒心有所属，呼朋唤友将快乐心情拥有。

♫昨日的压力，忘却就好；快乐的周末，你来拥抱；舞动翠绿的青草，挑逗灿烂的微笑；抛弃昔日的烦恼，把握今日的逍遥。祝您成为幸福的参照，快乐逍遥！

♫周末到了，勾勒出你幸福的版图，坚守你快乐的疆土，让健康为你站岗放哨，让烦恼禁止入境，给财富办张绿卡，让好运和你走私，你从此荣登幸福的宝座！

♫增加收入，就不免辛苦；要想进步，就不免忙碌；结交朋友，就不能免俗；时常聚聚，就不会孤独。周末到了，希望能与你聚聚，共度欢乐时光。

四季祝福

♫一祝永健康，二祝胃口好，三祝事事顺，四祝效率高，五祝多钞票，六祝不变老，七祝全家好，八祝好运罩，九祝您幸福天天笑。

♫一封温馨，一包甜蜜，一袋幸福，一桶健康，一箱平安，一箩快乐，加上我满满的祝福，愿收到此信息的你永远幸福快乐无忧健康如意。

一千朵玫瑰给你，要你好好爱自己；一千只纸鹤给你，烦恼永远离开你；一千颗幸运星给你，好运一直围绕你！

春眠不觉晓，短信祝福早；春去花还在，短信祝福快；春潮带雨晚来急，诚挚祝愿无人敌；春蚕到死丝方尽，诚挚祝愿随短信。祝："春"天"信"福！

点点心意点点情，信息声声传真情，祝福问候送不停，愿你天天好心情，亲情爱情样样行，工作顺心事业成，钞票天天赚不停，一生幸福笑盈盈！

工资奖金用加法，工作压力用减法，快乐心情用乘法，忧愁烦恼用除法。运筹人生，请做好四则运算，愿你的收入倍增、快乐倍增，只有烦恼只减不增！

花开花谢，此消彼长，云卷云舒，又是一年。愿时间更替带给你漂亮心情，飘送着我的祝福，萦绕在您的身边。

给回忆永不褪去的色彩，给思念自由飞翔的翅膀，给幸福永恒不朽的生命，给生活轻松灿烂的微笑，给你我所有的祝福。

健康是最佳的礼物，知足是最大的财富，信

心是最好的品德，关心是最真挚的问候，牵挂是最无私的思念，祝福是最美好的话语。祝你快乐！平安幸福！

♬今夜如有一颗星星眨眼，那是祝你平安；有千万颗星星在闪，那是祝你快乐；如一颗星星也没有，那是祝福太多星星黯然失色！

♬今日抽个闲，短信来照面，问候一点点，多少表心愿：烦恼少一点，消失眼前；收入多一点，日子清闲；郁闷少一点，风度翩翩；幸福多一点，直到永远！

♬举起你的右手握紧你的拳头，让烦恼一见你就逃。低下你的头弯下你的腰，让成功见你哈哈笑。抬起你的腿移动你的脚，让忧愁见你就吓跑。愿快乐每天把你绕。

♬快乐魔法今来袭，烦恼今日会暴毙，忧伤从此会远离，吉祥对你笑眯眯，如意偷偷跟着你，财神和你结友谊，福气任你去呼吸，爱神为你寻佳丽，甜蜜爱情送给你，信息收到多笑意，快乐一生不远离，笑容灿烂数第一！

♬联系少，不代表情谊浅；距离远，不表示关怀少；文字短，不代表问候稀。好久未曾联系，一直对你惦记，发条短信祝福你，祝你拥有好心情。

♫领导偏袒你，警察让着你，法院向着你，官运伴着你，媳妇由着你，吃喝随便你，财运罩着你，中奖只有你！

♫每天送你888，顺心顺意天天发；每天送你999，前前后后都富有；每天送你555，日日上班不辛苦；每天送你333，无论做啥都过关！

♫绵绵细雨一直下，短信连忙诉牵挂，美满生活送给你，美丽微笑伴着你，日月星辰的祝福都给你，只愿你晴天快乐，雨天依然快乐！

♫偶尔的繁忙，不代表遗忘；夏日的到来，愿你心情舒畅，曾落下的问候，这一刻一起补偿，所有的关心，凝聚这条短信，祝你快乐。

♫平凡但不卑微，宽容但不愚昧，快乐但不颓废，热忱但不虚伪，充实但不疲累，坚持但不气馁，平静但不伤悲，愿好运将你伴随，快乐与你相依相偎！

♫片片枫叶红，簇簇野花艳；高高稻穗黄，粒粒果实满；阵阵花香浓，片片云儿淡；茵茵芳草绿，高高天儿蓝；问候声声传，祝福绵绵甜。祝心情无比灿烂！

驱你心上秋，快乐永无忧；送你手边秋，好运随你揪；赠你眼中秋，美景任你瞅。秋山隐隐秋水迢，秋雨细细秋花娇，秋云淡淡秋月俏，秋来愿你乐逍遥。

秋之韵，花之香，蜜蜂蝴蝶田野忙；枫叶红，瓜果熟，金色秋季遍地黄；情之真，快乐长，一心一意诉衷肠；天气凉，添衣裳，愿你幸福又安康。

牵挂，是一束美丽的鲜花；思念，是情感的升华；送上我的祝福：愿今天你是快乐的，今年你是顺利的，今生你是幸福的。

送你一本秘笈：快乐易筋经，烦恼大挪移，九阴幸福真经，凌波平安步，福运十八掌。愿你练就绝世武功，勇夺本届“最强宝宝”桂冠，并祝万事如意！

送一份美丽让你欢笑，送一份祝福让你骄傲，送一份开心让你不老，送一分梦想让你逍遥，送一份真情不要回报，再送你平安才算可靠。

生活忙里又忙外，工作节奏在加快。世界精彩又无奈，自己要把自己爱。我的关怀最实在，贴心问候发过来。愿你好运排成排，一天更比一天帅！

♫暑气绝，人相别，雁字斜，好时节，风渐烈，思念切，友谊铁，情不灭，千山叠，难阻截，祝福你，心愉悦，体安康，福不绝，好运随，永不缺。

♫山之间的距离是云，树之间的距离是风，人之间的距离是心。平时疏于问候并不意味着忘记，诚挚的问候见证我一如既往地心意！祝您吉祥如意！

♫山外青山楼外楼，温馨祝福无止休；一曲新词一杯酒，幸福生活天天有；甜蜜时光常相守，恰似春水向东流。

♫身体壮如虎，事业正当午。金钱不胜数，干活不辛苦。浪漫似乐谱，快乐非你莫属！

♫山河能遮挡视线，却隔不开深深思念；经纬能拉开距离，却挡不住真挚情感；岁月能流逝华年，却扯不断友情的线。朋友在我心间，捎去祝福片片！

♫上班天天用心，下班天天舒心，回家天天安心，爱情天天顺心，朋友天天忠心，做事天天细心，待人天天诚心，短信天天交心，祝你天天开心！

♫上街你有回头率，开心多多命中率；愿你好运不停息，滚滚就如圆周率；工作高效生产率，存款多多高利率；蹭蹭高涨幸福率，天天开心如意率！

♫天热了，送你个电风扇，快乐围着幸福转；送你台空调，只你凉爽别人叹；送你根冰激凌，嘴甜心甜笑更甜；我送问候你管饭，这叫礼尚往来，记住不见不散！

♫五月不祝福，六月朋友无，七月人孤独，八月头顶秃，九月躲着哭，十月皱纹出，十一月落叶舞，十二月风雪怒，一月冰霜捂，二月冷雨扑，三月愁难数，四月心痛苦。又到五月，春末夏初，天气渐暖，思念如故，阳光祝福。

♫我想亲吻大海，海啸了；我想亲吻大地，地震了；我想亲吻天空，核辐射了；我想亲吻馒头，染色了；我想亲吻你，你变得美丽无比。祝你开心，哈哈！

♫喜欢一种声音，是微风吹落的雨；欣赏一幅图画，是月夜点缀的星；淘醉一种气息，是幽兰弥漫的香，祝福我的朋友是笑看短信的你。

♫希望每天的你都快乐得像炉子上的茶壶一样，虽然小屁屁被烧得滚烫滚烫，但依然吹着开心的口哨，冒着幸福的泡泡，乐得屁颠屁颠！

♫心情玫瑰，一瓣足矣；沁满花香，刻满关怀；弥漫祝福，融入心扉；每回翻起，温馨依然；真情永远，用心回味；心情放飞，快乐相随。

♫愿你在生活中：十分热情，九分优雅，八分聪慧，七分敏锐，六分风趣，五分温柔，四个密友，三分豪放，二分含蓄，一分浪漫。

♫愿幸福像内存一样经常溢出，金钱像硬盘一样存个没够，好运像鼠标一样握在手中，生活像CPU一样奔腾不息，心境像显示器一样无比明亮！

♫愿你每天用大海的胸怀面对，用小猪的感觉熟睡，用南非的阳光晒背，用盖茨的美元消费！祝你心想事成！

♫营养平衡，健康就来；思想充电，品位就来；处世通达，福气就来；心灵减负，快乐就来；观念更新，幸福就来；朋友思念，祝福就来；放松自己，好运就来！

♫又要翻开新的一篇了，远远的你还在奋斗吗？大大的理想还在追求吗？小小的快乐还在继续吧！轻轻的日子就这么飘走了，沉沉的祝福我装满了，你要记得签收啊！

♫真正的生命，春天不艳、秋天不凋；真正的情谊，贵时不重，贫时不轻；真正的快乐，节日不浓，平时不淡；真正的祝福，情真意切，韵味悠长。

♬祝福加祝福是很多个祝福，祝福减祝福是祝福的起点，祝福乘祝福是无限个祝福，祝福除祝福是唯一的祝福，祝福你平安幸福，天天快乐！

♬祝红红事业正当午，个个身体壮如虎，金银珠宝不胜数，干活做事不辛苦，枕着幸福入梦乡，带着浪漫上马路！

♬钟声是我的问候，歌声是我的祝福，雪花是我的贺卡，美酒是我的飞吻，清风是我的拥抱，快乐是我的礼物！统统都送给你，祝你天天快乐！

♬拈一片深冬的雪，斟一杯春天的酒，加一滴快乐的水，添一勺幸运的花，摘一轮皎洁的月，洒一缕灿烂的光，酿一句真诚的话：天天快乐！

♬在过去的一年里，你没怎么关心我，我很生气，特地祈求老天让你在新的一年里被金山挡住、被银海围住、被快乐砸中、被幸福缠住。

♬嘴角要微笑，做一个快乐的制造者；爱情来拥抱，做一个幸福的拥有者；逛街花钞票，做一个休闲的参与者；朋友问个好，做一个祝福的传递者。

最想吸的气是运气；最想喝的水是薪水；最想要的花是有钱花；最想骑的马是黑马；最想干的活是快活；最真诚的信是短信。最美好的祝福就是——你幸福！

交朋识友

一句话太少，两句三句正好，四句五句有点多，再多就成唠叨，所以发条短信给你，大事没有，就想告诉你，我想你。

不管是近是远，惦记总与你见面；无论是忙是闲，思念总与你连线；日子酸酸甜甜，朋友常在心间；走过沟沟坎坎，收获情义无限。愿你的生活碧海蓝天！

不要那么累不要那么疲惫，不舒服的时候歇一会，饿了要吃不要怕贵，工作是个蠢东西不要和他作对，到点吃按时睡，和想念你的朋友来聚会！

茶要喝浓的，香到心里。酒要喝醉的，醒不来的。人要最爱的，下辈子接着爱的那种。朋友要永远的，看手机的这个，不错！

读读看看喜欢的藏书，品品赏赏墙上的字画，修修剪剪阳台的花草，约约见见多年的朋友，吃吃喝喝家里的便饭，说说笑笑家常和里短。朋友，常联系哦！

方寸间，历数世上桑田沧海；时空里，细问人间暑往寒来；是朋友，星移斗转情不改；是知音，天涯海角记心怀。

给回忆永不褪去的色彩，给思念自由飞翔的翅膀，给幸福永恒不朽的生命，给生活轻松灿烂的微笑，给你我所有的祝福。

活着真累，上班疲惫，晋升排队，说好吃饭却被灌醉；情人至今没有到位，早晨不愿醒，晚上特想睡，这些我都无所谓。最不能忍受的是问候你发个短信还收费！

快乐像假货那样越来越多，烦恼像利息那样越来越少，收入像油价那样越来越高，我俩友情像股市那样越套越牢！

开心地笑，要惊天动地；疯狂地侃，要谈天说地；放情地唱，要呼天唤地；疯狂地吃，要欢天喜地；踏心地睡，要昏天暗地；信息传情谊，要谢天谢地。

落花也曾温柔，春风为你停留。岁月把记忆

收走，繁花似锦，一路美景看不够。思念能解酒，不知停靠哪个港口。友情珍藏心头，祝福飘在你的手头。

♫你是钉我是板，情谊钉牢有板眼；你是针我是线，针过线过把手牵；你是米我是饭，相生不相煎；你是船我是帆，听从幸运风的召唤。

♫朋友是雪中炭，有你替我驱寒；朋友是雨中伞，有你及时增援；朋友是水中船，有你才能达彼岸；朋友是途中伴，有你才会不孤单。朋友，愿和你今生永相伴。

♫秋天气候再惬意，早晚外出要添衣；周末心情再放松，周一上班要收拢；朋友之间再亲密，简单问候不忘记，只需一条短信息，祝福心意都传递。祝你秋天身体好，祝你一周工作顺，无论忙碌或清闲，朋友之间总惦记。

♫任天高地远，隔不断对你深深的思念；任时光变迁，挡不住对你真挚的情感；岁月可以令你我早生华发、变容颜，深厚情谊永不变，依旧停留在心间。

♫生命中有你，感觉精彩；回忆中有你，感觉温馨；旅途中有你，感觉骄傲；沉默中有你，感觉灿烂；朋友中有你，我不再感到孤单。

生命的色彩，用汗水涂抹；执着的追求，耐得住寂寞；花开花落间，将种子撒播；风雨洗涤后，去收获硕果；记忆中有你，感动不曾消磨。

生活四处奔忙，日子总是瞎忙，工作自谓穷忙，行色别太匆忙，淡定不要慌忙，不管忙与不忙，联系还要加强，朋友互相帮忙，友谊地久天长！

选择高山，就勤奋登攀；选择宁静，就忍受孤单；选择机遇，就战胜风险；选择求索，就别怕磨难；选择朋友，就时常惦念。

忆往昔，孤单时有你，落寞时有你，沮丧时有你，无助时有你；展明朝，快乐时有你，庆祝时有你，开心时有你，收获时有你，用我的心爱你。

以粗茶淡饭养胃，用清新空气洗肺，让灿烂阳光晒背，找朋友喝个小醉，像猫咪那样甜睡，忘却辗转尘世的累。

有些工作，认真了就行；有些任务，尽力了就行；有些追求，坚持了就行；有些朋友，确实样样都行！比如你，你不行的只有两样：这也不行，那也不行。

友不贵多，得一人，可胜百人；友不论久，得一日，可喻千古；友不择时，得一缘，可益一世；有你一友，是缘，是运，也是福！亲爱的朋友，谢谢你！

雨水说天空也会落泪；玫瑰说爱情总会枯萎；离别说寂寞无滋无味；咖啡说活着得习惯苦味；路一走就累，酒一杯就醉，雨一碰就碎，只有朋友最珍贵！

眨眼到秋季，天气有凉意，照顾身体要牢记，饮食起居要注意。你是我朋友，今生不忘记，虽说时常不联系，可是心中总惦记。你我之情要珍惜，心中永远好天气。

健康长寿

冬季养生提醒你：锻炼身体莫起太早，寒冬洗澡莫天天到，温水泡脚夜晚睡眠好，不吃早餐胃会受不了，吃点羊肉汤温暖身体好。

晨起眠不足，晚来闲暇长。岁月摧人老，锻炼能寿延。暑期斗炎热，冬季战风寒。品得此中味，人生赛神仙。

烟少抽点，酒少喝点，牢骚少发点，心态好

一点，心情舒畅一点，这样你的身体就会健康多一点。

♬晨起一杯水，每餐勿缺绿，食疗胜医药，愉悦自己找。动体又动脑，动静两兼顾，花钱买健康，保健赛医疗，没事多运动，忙比闲着好！

♬处暑时节暑未消，出门防晒要做好；室内通风病菌扫，夜盖薄被防感冒；饮食温补莫忘掉，新鲜蔬果不能少；生活细节很重要，身体健康是王道。祝处暑逍遥！

♬工作繁忙放宽心，生活琐事少操心，保持微笑勿烦心，休闲娱乐要开心，饮食卫生得当心，身体健康需上心，关怀朋友要用心！送你7颗心，祝你幸福又开心！

♬换季秋老虎，当心别中暑。户外别暴晒，小心日头毒。高温少作业，降温又防暑。衣服要宽松，吸汗更舒服。多喝白开水，补水要记住。祝你健康更无忧！

♬酒乃穿肠毒药，少喝，烟是伤身利器，少抽，工作无止无休，保重身体，琐事没头没尾，稍安毋躁，男性保健很重要，学会自爱，祝你健康快乐、如意！

今天你病了，我会担心的；明天你生气，我会难过的；今生你健康，我会放心的；今世你顺心，我会开心的。

据观察，你已患上懒洋洋节后综合症：上班无心情，做事没精神，脑袋昏沉沉，老想床上滚，食欲不够振，表情很郁闷。注意多调整，快乐向前奔。

酒后烦躁怎么办，喝点酸奶试试看。酸奶能保护胃黏膜，延缓酒精吸收，且含钙丰富，对缓解酒后烦躁尤其有效。节日到了，少喝酒，健康与你共白头！

理由少一点，肚量大一点，嘴巴甜一点，脾气小一点，行动快一点，效率高一点，微笑露一点，脑筋活一点，平时干净一点，病毒离你就会远一点！

每天多喝水，胜过洗肠胃；饮食多样化，就是食疗法；动静要结合，舒筋又活络；花钱买健康，不如运动场；开心自己找，豁达乐逍遥。祝一切都好！

秋凉莫感冒，健康最重要；笑要开怀笑，青春永不老；遇事别急躁，情绪调节好；累了就睡觉，心情更美妙；常把快乐抱，幸福身旁绕；朋友问候到，关心要记牢。天冷添衣裳莫烦恼，愿你健康快乐往前跑。

♬秋风起，雨水凉，身体健康最重要，幸福生活赛过蜜糖甜；旭日升，晚霞飘，岁月如梭不停留，过好每时每刻每一天。

♬秋季多雨，变化无常，伞具备好，浑身干干；气温不稳，变化多端，衣物备好，健康存存；健康存在，万事顺利，事半功倍，工作优异；工作突出，领导赏识，升职有望，钱财多多；钱财多多，心情愉悦，开心时时，笑容长存！

♬秋日的风凉凉的，秋日的雨爽爽的，秋日的景美美的，秋日的思念长长的。弹指一挥间，四季又转换，气温已降，天气已凉，提醒朋友保重健康。一日三餐，加强营养，早起早睡，精神清爽，愿你幸福生活长又长。

♬秋风乍起，一阵凉意袭来，才惊觉气温已降；秋雁两行，枯黄的叶伴夕阳，心中的思念在彷徨；秋雨几滴，浓浓的问候送去，愿你幸福安康；秋菊飘香，点点的祝福珍藏。愿你保重身体，精彩生活每一天。

♬秋风柔柔几多愁，秋雨飘飘是情愁，秋月高悬多寂寥，秋花散尽多凄凉，伤春悲秋莫发愁，朋友问候暖心头，闲暇时光来聚首，忙碌时把祝福收，祝健康长寿！

秋天秋意浓，一场秋雨一场凉，凉风习习扫暑气，天凉莫忘添衣裳。白昼渐短夜渐长，早睡早起精神爽。秋雨绵绵湿气重，多多运动保健康。

十种健康生活方式：少食肉，晒太阳，雨中行，常唱歌，饭后息，挺起胸，静坐思，天伦乐，步当车，行善事。科学养生，身心健康！

上网保持距离，清水洗脸勿忘；冰箱把手辐射，开门应离半米；微波炉防门缝，穿防辐围裙；手机接通瞬间，应远离头部。祝你无“辐”更健康！

收信息得惊喜，减肥方法告诉你，饮食适当要调节，睡眠也是大问题，多睡肥胖跟着你，上网聊天看电视，减少睡眠少休息，祝你越减越美丽！

生病不可怕，只要信念存，康复不是梦，来日展宏图；把病魔看作挑战，把信念当作武器。祝早日康复！

暑去秋来天气凉，身心健康要调养；多去户外逛一逛，陶冶心性精神爽；饮食清润忌辛燥，厚衣不忙加身上；早睡早起勤锻炼，愿你秋日得安康。

三字经：管住嘴，迈开腿。八分饱，八杯水。八千步，子午睡。三分酒，不要醉。不攀比，不受罪。能对比，准富贵。有头脑，没心肺。养心汤，一百岁。

少吃盐多吃醋，少吃肉来多吃素；少吃糖多果蔬，少坐车来多步行；少计较多宽容，少贪睡来多运动。愿你春季健康如意！

头要常梳，面要常擦。目要常转，耳要常揉。齿要常叩，津要常咽。腰要常动，腹要常摩。每天坚持，增寿健康。

天气变得真快，北风悄悄吹来，出门外套要带，睡觉记着要盖，多吃水果青菜，还要记着补钙，健康永远相伴！

听说你病了，我为你特制了药哦，里面有：一克阳光、两克新鲜空气、三克愉快心情，还有一公斤我的爱和祝福。快快服下饱含浓浓爱意和深深祝福的药丸吧！你会很快好起来的！

夏日高温不退，生活枯燥无味，革命工作很累，向你友谊提醒，自己身体宝贵，白天多吃水果，晚上早点儿睡。

想想父母，吃药不苦；想想亲朋，打针不痛；想想心里的……病就会好啦！祝你早日康复，变得生龙活虎。

用圣人的胸怀面对，用科学的方法支配，用皇帝的御饭养胃，用清洁的空气洗肺，用婴儿的感觉去睡，用灿烂的阳光晒被，病魔就会主动后退。

养病四不：不能默默忧愁，不能吸烟喝酒，不能剧烈运动，还不能删这条短信的祝福。祝早日康复！

衣要看天穿，饭要按时餐，休息别赶晚，凡事心放宽，繁忙中偶尔偷偷懒，生气时间缩小到最短，愿你时刻保持美丽笑脸，快乐就是这样简单！

安慰鼓励

爱情盯住你，幸福拥抱你，快乐缠紧你，如意抓牢你，平安笼罩你，财运光顾你，健康跟着你，烦恼远离你，痛苦不找你。

不能对别人说谎，不诚信也不诚心，万事难行；不能对自己说谎，不宽容也不宽心，千帆过境。

亲爱的朋友，对自己好一点，快乐生活！

彩虹总在风雨后；秋实总在春花后；孤独总在疯狂后；珍惜总在错过后；眼泪总在情浓后；笑容总在玫瑰后；愿你的好心情总在每天天亮后！

尝不到夏天的味道，是因为你还没有学会把幸福的饭菜烧；睡不醒夏天的觉，是因为你还没有把快乐的事梦到。简单的心情，简单的生活，让自己变得简单吧。

大考当前，本想送上考卷，附带答案，可是在考前它们都是绝密文件，只能对你说“抱歉”。但是上天对你十分眷念，赋予本条短信魔法无边：收到了它，身体棒，进了考场不紧张；阅读了它，精神爽，下笔如神写华章；保存了它，智慧长，所有难题被扫光；转发了它，运气旺，金榜题名响当当！预祝：考试时能超水平发挥，考出让所有人都瞠目结舌的优异成绩！

得得失失平常事，是是非非任由之，恩恩怨怨心不愧，冷冷暖暖我自知，坎坎坷坷人生路，曲曲折折事业梯，凡事不必太在意，愿你一生好运气！

丢掉曾有的忧伤，拨开迷雾的彷徨，忘记困扰的纠结，和郁闷道声离别，黑夜来临的晚上，展现新的希望，绽放特有的辉煌，释放快乐的能量！

♫动动你的脑，多点思考。动动你的腿，多点付出。伸出你的手，多点温暖。露出你的笑，多点自信。昂起你的头，多点从容。生活不容易，照样要开心！

♫付出终有回报，信心绝对重要。现在就到高考，别忘面带微笑。抽空睡个好觉，不必紧张煎熬。敞开鲲鹏怀抱，直上青云九霄。

♫该吃吃，该喝喝，遇事别往心时搁；泡着澡，看着表，舒服一秒是一秒；甜的多，苦的少，生活像颗五味枣；心情好，最重要，快乐幸福乐逍遥！

♫今晚温馨笑一笑，舒舒服服睡个觉；明早醒来笑一笑，全年生活有情调；工作之余笑一笑，心儿跟着感觉跳；收到短信笑一笑，一切烦恼都忘掉！

♫奖金多多再翻一倍，事业发达再进一步，人气直升再火一点，身体安康再棒一点，人见人爱身边美女再多一群！

♫可以向生活借钱，因为奋斗会还的；不能向生活借时间，因为激情是会老的；可以向生活借快乐，因为乐观会还的；不能向生活借幸福，因为孤单也会多的。

♫面临大考，心态要好；摆正身心，价值千金；只要努力，总有天地！

♫你看杨贵妃多美，刘德华多帅？你看诸葛亮多神，孙悟空多能耐？你看变形金刚多强，樱桃丸子多可爱？可我给他们发过短信吗？所以要相信，你才是最棒的！

♫你不能改变天气，但你可以改变心情；你不能选择容貌，但你可以选择表情；你不能预支明天，但你必须用好今天！

♫你的心情一定要好，想得到的不一定是你最需要。认认真真做事踏踏实实睡觉，即使有些忧伤，也要把它藏好，现在还不是深秋，你的收获还没到！

♫起得早，洗洗衣服动动脚；吃得好，磨磨牙齿长长高；学到老，上上网络转转脑；生活好，度度周末寻寻宝。亲爱的朋友，愿你我健康向上，天天快乐。

♫人生多有福，想开就知足。思量愚昧苦，聪明就是福。思量饥寒苦，饱暖就是福。思量劳累苦，清闲就是福。思量孤独苦，友多就是福。福禄系于心，心正得大福。

人生十个点：上班仔细点，下班轻松点，到家快乐点，做人看开点，凡事自然点，朋友多一点，玩得开心点，吃得好一点，父母多爱点，每天多笑点。

人生是条无名的河，是深是浅都要过；人生是杯无色的酒，是苦是甜都要喝；人生是首无畏的歌，是高是低都要和；愿你能轻松地对待自己，微笑着对待生活！

人生当如此：生活诸事顺其自然，遇事记得处之坦然，得意之时保持淡然，若是失意莫忘泰然，历经沧桑终会悟然，努力过后成功必然。愿你人生乐陶然！

十二年苦读，十二年付出，十二年挥洒自如，十二年寒窗无数。睡个好觉，做个好梦，让信心更加充足，你一定会取得锦绣前途。

水在流，鱼在游，忘掉所有烦恼和忧愁；风在吹，雨在下，很想让你笑一下；朋友心，如我心，有你信息最开心；天有情，地有情，愿你天天好心情！

删除昨天的烦恼，确定今天的快乐，设置明

天的幸福，储存永远的爱心，粘贴美丽的心情，复制醉人的风景，打印你迷人的笑容！

世事纷扰，没完没了；官大官小，适合就好；位低位高，别去烦恼；钱多钱少，难以计较；知足常乐，心宽气少；知心朋友，无价之宝；短信逗你，开口一笑！

虽然辛苦劳累，也别容颜憔悴。尽管物价很贵，也别压缩消费。即使做人狼狈，也别万念俱灭。就算通货膨胀，别让快乐缩水。要是食欲消退，开心就能开胃！

逃避不一定躲得过，面对不一定最难受，孤单不一定不快乐，得到不一定能长久，失去不一定不再有，转身不一定最软弱。

天气有雨有晴，请备一把心情的伞；道路有坡有坎，请备一双攀登的鞋；日子有苦有甜，请备一瓶调味的盐；人生有得有失，请保持一颗平常的心。

天空吸引你展翅飞翔，海洋召唤你扬帆启航，高山激励你奋勇攀登，平原等待你信马由缰。愿你前程无量！

微风，总能吹开春天娇艳的花朵；细雨，总

能催醒睡梦中的嫩芽；真爱，总能把人间冰雪融化；脚步，总能丈量崎岖山路的漫长；心胸，总能包容世界万物的广大。成功之巅，我们只要努力会到达。

夏天的夜空那么完美，谁的奋斗还没入睡，起起伏伏海在依偎，缠缠绵绵风在追随，每一颗年轻的心都跳的有力，每一个真诚的梦都照进现实，朋友，加油。

吸取昨天的教训，清清楚楚记心里；今天仍需努力，扎扎实实莫虚度；期盼明天的美丽，点点滴滴是辉煌。愿你牢记，把握好前进的脚步，让未来更加幸福！

走过山山水水，脚下高高低低；经历风风雨雨，还要寻寻觅觅；生活忙忙碌碌，获得多多少少，失去点点滴滴，重要的是开开心心！

早上闹铃一响，战役就此打响。早餐吃在路上，紧急奔赴战场。堵车不敢设想，身上背对翅膀。工作排得老长，天天埋头苦扛。理想支撑梦想，愿你前程无量！

昨天许多荣誉，如今已成回忆。今天继续努力，哪怕几多风雨。明天梦想美丽，人生豪迈无敌。一路放飞汗水，坚持就是胜利。愿你的人生灿烂无比！

诚心道歉

♫宝贝别哭，你的眼泪是我的珍珠，掉了一颗我都会心疼得要命，别弄丢我的珍珠，让它们在你心里发光。

♫不想在黑夜里一个人唱情歌，不想在孤单里一个人守着寂寞，不想在哭泣中一个人难过，不想在后悔中一个人生活，原谅我吧！都是嫉妒惹得祸，真爱没有错。

♫不该捕风捉影地猜测，不该莫名其妙地妒忌，不该肆无忌惮地生气，不该怨天尤人地埋怨，求你不要轻而易举地放弃，不要毫不犹豫地拒绝，一切只因爱你，原谅我吧！

♫曾经的你我多么的甜蜜，惹你生气真是情非得已，但愿你能速速忘记，希望烟消云散不爽之气，因为我们之间友好亲密，无论如何都割不断彼此的心有灵犀！

♫苍蝇脏，蚊子坏，老鼠蟑螂四大害；可以打，可以拍，实在不行拿脚踹；我可恨，我可气，让你无端闲生气；把我当作第五害，请你用力随便踹，只要你肯笑起来。

春意浓浓惹人醉，晶莹露珠离人泪；勇往直前不后退，谁料今日燕分飞；一生爱你千百回，生生世世不怕累；请你原谅我赔罪，不爱我来你爱谁？原谅我吧！

都怪我太莽撞，无意将你心刺伤，此刻我的泪在流淌，我现在最大的希望，就是你将不快遗忘，因为你快乐是我最大的梦想。

淡化你的愤怒，减免我的痛楚；淡化你的悲哀，减免我的无助；淡化你的伤心，减免我的罪过。只有你开心了，我才会好过，亲爱的我已经知道了错。

对不起，别生气，淘米烧饭都可以；对不起，别生气，洗衣搓地没问题；对不起，别生气，亲吻拥抱了了去。亲爱的，对不起，有错我改不客气！

电流太强容易断电，风筝太高容易断线，话说太多容易犯错，误会太深易伤情感，良苦用心你要看见，体会我的痴心一片，请你务必见我一面，莫让我再有苦难言。

换一张容颜，不要冷冷地看我；换一个角度，不要执着地怪我；换一个思维，不要单纯地怨我；换一种心情吧，不要不理我！拜托！拜托！

好想和你吹吹风，吹走我带给你的不愉快；好想和你淋淋雨，浇走我带给你的不如意。留下我们相爱的幸福与甜蜜，对不起！

好妻好妻莫生气，我已知错肠悔青。短信表我三叩首，祈请原谅最真心。你在我心最珍贵，心地善良貌芙蓉。自从一朝拥有你，美玉失色钻石暗。叩求你能展欢颜，今夜让我共枕眠。

既然事实无法改变，就不要去埋怨，我的错误我承担，可你不要总阴天，晦暗的日子易忧伤，愿你的天空早晴朗。

空山沉寂，宇宙无声，是我的感伤渲染了万物的悲哀；鸟儿低鸣，蝶儿低飞，是我的伤痛感染了万物的伤怀；求你莫要不语，求你莫掉泪滴，心碎的我早已懊悔不已，原谅我！

泪水呀止不住地流，悔不该把你逼上气头；长息呀止不住地叹，悔不该把你气成这般；心口呀止不住地跳，恨不能把你快快逗笑。宝贝，你就原谅我吧！

泪水止不住地流淌，内心禁不住地彷徨，终日停不住地忧伤，时刻控不住地惆怅。只要你别再气放心上，只要你轻轻把我原谅，一切都会恢复原样，一切都会更加芬芳！

没有你的问候，我的脚步很沉重；没有你的关怀，我的心灵很寒冷；没有你的思念，我的方向很迷茫；没有你的情谊做支柱，我觉得自己会倒下；请原谅我吧！

没有你的日子里，夜路漫漫无边际，思念随风飘向你，问天问地问自己，如何使你消消气，拜佛拜天拜上帝，盼你快快回信息，原谅我吧我爱你！

没有你，花不香，鸟不语；没有你，人不欢，心不乐；没有你，睡不好，梦不甜；没有你，情难托，人难过；没有你，我的生活变得没有生机，求你快点回到我身边！

你要不理我我就成包子了……而且还是天津最有名的……狗不理！

你一生气，我就腿发酸；你一心烦，我就脚发软；你一发怒，我就脸冒汗；你一瞪眼，我就心里乱。拜托早日给个笑脸，不要令我心惊胆战，回个信息叫我心安。

你说我长的像木头，你说我笨得像狗熊，你说我软得像棉花，其实那都是做给你看的，今天是我错了我不应该反抗，以后你说什么我都听着也照着去做！原谅我吧！

♫秋天来叶儿落，花儿凋谢心落寞。自从你不再理我，心中秋风狂扫我，把我扫荡剩空壳，求你赶快原谅我，把我灵魂还给我。

♫让你生气让你忧，我心跟着也烦忧，惹你不悦是我错，道歉迟来愿消愁，回忆你我情谊厚，争吵时常也会有，面红耳赤时常有，最后一笑泯恩仇，想来想去短信馈，还望你心莫怪罪。

♫人生无须惊天动地，快乐就好；友谊无须甜言蜜语，想着就好；金钱无须车载斗量，够用就好；朋友无须遍及天下，有你就好。唯愿朋友原谅我的小脾气，不要再生气。

♫日月含羞照人行，无言沉默泪晶莹；春夏秋冬时光变，唯有思念情独钟；风清水静映身影，漫漫田野眼迷蒙；愿吾痴心感心灵，期待谅解信一封。

♫天热还惹你上火，我心实在很内疚，整天自责还忧愁，怎么才能消你愁，想来想去别无法，还是短信表诉求，愿你原谅我过错，内心不要再烦忧，看我真心来道歉，望你一笑泯恩仇。

🎵我无心对你造成伤害，但当此时伤害已经铸成，我真心希望得到你的原谅，我们之间的友谊也不要因此而变质，你原谅我吧，我的朋友！

🎵我真坏，我无赖，全怪我一时冲动起祸乱；我该打，我该骂，全怪我当时不听你的话。亲爱的对不起，请你不要再生气，好吗？

🎵无数电话拨了又挂，无数窗口等了又躲，无数话语说出又闷，无数记忆想起又深。最亲爱的人啊，有些事，那么错那么后悔，我却不能说句：对不起。

🎵叶儿也能体谅风儿的偷袭，雪花尚能接受阳光的照耀，就连老鼠都没那么恨猫了，看短信的你还生我的气吗？宝贝，笑一个，我爱你！

🎵一个傻傻的我，犯了无意的过错，希望你能忘过；一颗痴痴的心，拥有无上的真情，只愿雨后天晴。我用满腹愧疚之心和深深爱你之情，望能博得你的原谅和欢心！

🎵夜晚没有月光，天空没有星光，街上没有灯光，屋里没有亮光，就连我的内心也看不到一丝光亮，你的误解使我的世界一片黑暗，请赐予我一点光明吧！

♬遇到你，我是世界上最幸运的人；爱上你，我是世界上最快乐的人；拥有你，我是世界上最幸福的人；离开你，我是世界上最痛苦的人。拜托不要离开我，那样我就变成了世界上最可怜的人。

♬与其无谓地争斗，不如宁静地思考；与其痛苦的折磨，不如释怀地一笑。请你做出正确的爱情判断，擦亮你智慧的双眼，“我爱你”是真没有谎言，原谅我，不要让我爱得艰难。

♬亲爱的，求你别再生气了，地球上的二氧化碳已很丰富了，你再生气是真的没有必要了。这样好不好？你划个圈，设个套，挖个坑，我就跳，只求你能哈哈笑。

♬再华丽的语言也纠正不了我的过错，再灿烂的笑容也抚平不了你的恼怒，再诚挚的道歉也表达不了我的愧疚。我只希望，你能看在多年友情的份上，原谅我。

衷心感谢

♬把最真的祝福化作风，吹送到你的身边，把最诚的问候变成雨，飘散到你的窗前，把我的感谢化作万语千言，为你祈祷幸福永远。

♫感谢您坚强的笑容，为我照亮一角别愁的雨空，此后的多少天里，我将因为这笑容而盼望着相遇的美丽。

♫感谢生命中的每个朋友，成就我生活中的每一天，因过去的相处说声感谢，因为未来的相助说声拜托，更因一生的友情说声谢谢！

♫感谢你陪我闯过那些风那些雨，感谢在最无助的时候有你鼓励，感谢在孤独的时候至少还有你，亲爱的朋友，想说真得很谢谢你陪我走过人生那么多里地！

♫忙忙碌碌，祈求舒舒服服，黑暗中前行唯盼自我点盏灯，别人的光难以长久照耀我路，还幸想起有你的指引，一路前行。

♫甜蜜的爱情，温馨的亲情，真挚的友情，当我拥有这三种感情，我将是这世界上最幸福的人，拥有你们的爱，我的面前，不再有荆棘，不再有阻碍，感谢你们。

♫若不得不分离，也要好好地说声再见，也要在心里存着感谢，感谢你给了我一份记忆。

♫我痛苦的时候，你给了我安慰；迷茫的时候，你给了我指引；郁闷的时候，你给了我快乐。允许我以感恩的心为你祈福永远。

♬喜欢被你看着，感受你温柔，就算是短短一秒钟，也能够永久；喜欢被你抱着，在我眼里你并不是一个完美的人，但你是一个比完人还能让我快乐的人，有了你我的生活变得有趣味，我衷心谢谢你，祝你永远青春美丽！

告辞道别

♬白云悠悠飘五洲，真心一片赠密友，但愿问候与祝福，永远留在你心中。

♬不愿告别，却在告别，那稚气的年月；不愿告别，总在告别，那多梦的时节。

♬来也匆匆，去也匆匆，离绪千种，期待重逢。

♬离别，泪水成了留言，你说：这泪可以凝结成珍珠，变成永久的纪念。

♬离别，有点难舍，但不怅然；有点遗憾，但不悲观，因为我们还会相逢。

♬临别请你喝一杯故土的水，你走遍天下，也别忘了把家乡装在胸中。

明晨行别，但愿云彩、艳阳一直陪伴你走到远远的天涯；鲜花、绿草相随，为你铺展远远的前程。

默默地分手，正如当初默默地相遇。愿这温馨的微风，给你捎去我深情的祝福和祈祷。

情依依，别依依，千言万语化作无语；你忘不了我，我忘不了你，相逢会有期。我还不懂寂寞是什么，我还未感觉恋爱的快乐，今日与你分别，才第一次觉得情的孤独，才第一次感到失落很多很多。

人生路上何须忧伤，天涯海角总有知音，把握机会珍惜好运，祝愿我们友谊长青。

人生何处不相逢，今天的握手告别，必将迎来日后的再次相聚，让我们为了各自的理想擦干眼角的泪，上路！即将分别，要说的话太多太多，千言万语化作一句——毋忘我。

如果再回到从前，还是与你相恋，你是否会在乎能够保持永远，还是热恋以后，简短说声再见，给我一点空间。

生命的小船在青春的港口再次起航，我们就

要挥手告别，船儿满载着理想和希望。

♫武林门外送行舟，万种离情逐水。今夜月明何处泊，天涯回首不胜愁。

♫夕阳无语燕归愁，离人泪眼心上秋。断肠送君从此去，一生憔悴独倚楼。

♫相见难，阔别多少载；别亦难，烟雨蒙蒙水澹澹。汽笛声声喊再见，祝您一帆风顺抵彼岸！

♫一朵花采了许久，枯萎也舍不得丢；一把伞撑了很久，雨停也想不起收；一条路走了很久，天黑也走不到头；一句话憋了很久，今天终于说出口：朋友走好！

♫月朦胧，鸟朦胧，我悄悄送你远行，从此天边有了一颗含泪的星星，永远注视你远去的背影。白浪给你献花，阳光与你拥抱，海鸥与你话别，呵，生活的大海托着你青春的船只起航！

贺喜

财源亨通

♫财神让我转告你，要对人好，尤其要对发这条信息给你的人好，常让此人开心，多多请此人吃饭并送厚礼，财神才会关照你。

♫财神说：只要我发短信给十个愚人就会发大财。我的天啊，可是我只认识你一个啊！财神说：不要紧，你级别高，一个顶十个！

♫冬去春来百花香，一条信息送四方，东方送你摇钱树，南方送你永安康，西方送你好生意，北方送你钱满箱。

♫顾客盈门，生意要发！科科优秀，学业要发！领导器重，前途要发！夫妻恩爱，幸福要发！哥们义气，友谊要发！

♫今天本是418，咱们一起把短信发。一发朋友身体健，二发老人开心现，三发家人乐滔滔，四发自己工资加，四平八稳狂赚钱，前途无量走在前！

♫金黄的落叶，金黄地飘，金黄的财宝，金黄地照，金黄的秋天已来到，哇塞，满城尽带黄金甲，祝你四季发财，富甲天下！

♬今天8月8，财神到你家，低头捡个一两万，工资开个三五万，麻将赢个十来万，彩票中个五百万，银行存它千百万！

♬今日8月8，祝你交朋友四面八方，生意上八面张罗，交际上八面玲珑，事业上八面威风，财源广进，幸福健康，一路大发！

♬流感见你往回绕，甲流拼命四处逃，物价不敢再涨高，猪肉老远把手招，黄金伸腿向你跑，熊猫（国宝）哭着要你抱，联合国请你作报告，你的财运实在好！

♬你的事业很景气，伴侣也美丽，生活如此如意，爱情更是甜蜜，山珍海味吃不腻，更加不缺人民币，问我拿啥送给你？短信来把情谊寄！希望一起发发发。

♬你方会猛刮金钱风，狠淋钞票雨，狂下金雹银雹，结钻石冰，长翡翠树，挂珍珠霜，生玛瑙果，小心挨砸！

♬今天4.18，“誓要发”，不管天气多么善变，我都要把温暖给你发；不管世事多么无常，我都要把快乐给你发；不管距离多么遥远，我都要把牵挂给你发；不管未来多么迷茫，我都要把祝福给你发——愿你可以天天发呆、月月发财、年年发达！

四月十八誓要发，满世界财富等你挖——满天水晶雨点哗啦啦，满树金枝银条耀眼吧，满河黄金水儿泛滥啦，满城钻石级祝福给你发——4.18，祝你大发！

送你好心情：甭管大海再多水，大山再多伟，蜘蛛再多腿，辣椒再辣嘴，总之你最美，数钱数到手发软，快乐永不悔！

虽然不常见，可没忘记你；每个日子里，衷心祝福你：上帝保佑你！菩萨爱护你！财神抱住你！爱神射住你！愿你要云得云、要雨得雨、开心如意、黄金遍地！

上帝今天派了个使者告诉你一件好消息，可是他是个结巴，他说话的时候你别着急别生气，他要告诉你：要、要、要发。

似水流年间，光阴一片天；想要乐无边，可别忘今天；记住了吗？818，发一发，愿你快乐日子随意抓，幸福生活人人夸，金银珠宝哗啦啦。

思一年念一年缘分啊，祝福语吉利话谢谢啊，朋一群友一伙聚聚吧，说一说笑一笑开心呀，真主呀上帝呀保佑我们大家吧，发财呀好运呀就在2012啦。

♬天气有晴又有雨，盼你幸福放心底；也许不曾常联系，愿你心中常欢喜；虽然不会说蜜语，小小短信表心意：愿你爱情甜蜜、生活如意、天天睡在钱堆里！

♬吸珠水之财气，拢云山之秀气，携莲峰之福气，聚古祠之才气，汇作礼物送你，祝龙年发发发。

♬愿你位高权重责任轻，钱多事少离家近，每日睡到大天亮，工资领到手抽筋，手下花钱你收礼，别人加班你加薪！

♬愿你大赚钞票乐复乐，爱情花开火更火；福星高照旺上旺，事业有成强又强；家庭和顺身体棒，幸福生活万年长。

♬一十一月一十八，财运笼罩你我他。吉祥日子别错过，你发我发人人发。彩民买彩中大奖，股民炒股乐开花。商人经商赚大钱，钱财滚滚如开闸。

♬“11”是两根金条，“8”是银做的元宝，金条给你富足，元宝驱你烦恼，储蓄在心的银行，快乐是存取的账号，密码是我的短信，打开会眉开眼笑。

一鸣惊人是天才，出谋策划是人才，滔滔不绝是口才，患得患失是庸才，女人要的是身材，众人想的是钱财，我想祝你的是发财！

愿你：多多赚钞票，开车不用油票，飞机不用机票，随手能开支票，找到长期饭票，赚钱能打保票，红的全是股票，两元就中彩票！

愿你的烦恼像出纳的账，日清月结无余留；愿你的生活像会计的报表，收支平衡乐逍遥；愿我的短信像现金支票，将你的好运幸福随时兑现。

祝你财源滚滚，发得像肥猪；身体棒棒，壮得像狗熊；爱情甜甜，美得像蜜蜂；好运连连，多得像牛毛；事业蒸蒸，越飞越高像大鹏。

祝你在新的一年里，致富踏上万宝路，事业登上红塔山，爱人赛过阿诗玛，财源遍布大中华。

这一天好时机，发展大契机，聪明察天机，轻松理万机，聚财获商机，晋升占先机，爱情添生机，成功遇良机。

祝福你的人生：爱情岗岗过硬，身体健康免检，快乐从不掺假，财富永不打折，容貌永远年轻，烦恼绕道而行。往后的每一天，心情爽歪歪，收入顶呱呱！

职场荣升

成功的时候有人与你分享快乐，失意的时候有人给你鼓励安慰，实乃人生一大喜事！我的朋友，在此真心地祝你快乐，恭喜贺喜，节节高升！

福气东来，鸿运通天！否极泰来时重伸鲲鹏之志，惜时勤业中展君无限风采，祝你步步高升。

功绩永怀，高瞻远瞩，懋绩可风，功绩卓著。

恭喜，恭喜，恭喜你！恭喜你荣升！尽管这是“迟来的爱”，但我仍然万分地为你高兴，并以饱满的热情等候你请我们撮一顿。

恭喜你，升迁了，从此步步高升了；廉洁了，奉公了，为民伸冤立功了；上级奖，百姓赞，你不升迁民要怨，人民公仆赛青天！

寒天梅花一枝秀，祝君高升心依旧。

话不在多，一句就行；情不在深，一条就行。恭喜大哥高升啦！

理想是你升迁的机身，勤奋是你升迁的引擎，才华是你升迁的机翼。祝你一日千里，前程远大！

年轻有为，少年得志！希望你再接再厉，勇攀高峰！永远支持你！

你是真的很不错！自信实力手里握，再难的工作你照做，再难的事情你办妥，对待朋友有够阔，和谁相比都不弱。祝你美满前程好收获！

其实小弟我会识面相，一直未透露给他人，有句话叫“天机不可泄露”，我早看出大哥要高升啦，在此就破例泄露一次，提前祝贺步步高升！

人生需要奋斗，成功在于勤奋，每一份付出都将结出硕果，每一次努力都会与成功更进一步！恭喜兄弟又升啦！

上班越来越早，睡觉越来越少；工作越来越难，人也越来越老；终于被人看好，升职加薪来到；从此腰包饱饱，兄弟多多关照，祝你越升越高！

英才得展，大展鸿图。高瞻远瞩，步步高升。

一份付出就有一分收获，一份能力就有一日出头，我的朋友，别忘记在你高升之时，我也为你感到快乐。

祝君升职拿奖金，火旺人气交好运，平安健康美好临，快乐幸福吉祥品，万事如意皆开心！

自治之光，众望所归，为民喉舌，宏扬法治，辅政导民；民主之光，为民造福，光大廉政，造福桑梓。

芝麻开花节节高，一步一个脚印走下去，终可成大业！高升之时，切不可骄傲，应知道前面的路还很长，继续加油，笑到最后！

在升迁之时祝贺你，祝健康快乐常伴你，财源滚滚追随你，好运当头就是你，厄运从来不理你，最好的祝福送给你，下次升职加薪还是你，今晚埋单跑不了你！

新婚大喜

百年琴瑟、百年偕老、花好月圆、福禄鸳鸯、天缘巧合、郎才女貌、瓜瓞延绵、情投意合、美满良缘。

缔结良缘、缘订三生、成家之始、鸳鸯壁合、文定吉祥、姻缘相配、白首成约、终身之盟、盟结良缘。

洞房花烛交颈鸳鸯双得意，夫妻恩爱和鸣凤鸾两多情。

灯下一对幸福侣，洞房两朵爱情花，金屋笙歌偕彩凤，洞房花烛喜乘龙。

夫唱妇随、珠联璧合、凤凰于飞、美满家园、琴瑟合鸣、相敬如宾、同德同心、如鼓琴瑟、花开并蒂。

恭喜你找到共度一生的灵魂伴侣，婚姻是人生大事，相信你做出的会是最明智的决定，有了爱的结晶生了可爱的宝宝，别忘了请我吃饭喔！

婚姻是神所设立的，美满的婚姻是神所赐恩的；愿我们的神将天上所有的福，地里所藏的福，都赐给你们和你们的家庭！

海枯石烂同心永结，地阔天高比翼齐飞。

两情相悦的最高境界是相对两无厌，祝福一对新人真心相爱，相约永久！恭贺新婚之禧！

十年修得同船渡，百年修得共枕眠。于茫茫人海中找到她，分明是千年前的一段缘，祝你俩幸福美满，共结连理！

美丽的新娘好比玫瑰红酒，新郎就是那酒杯。恭喜你！酒与杯从此形影不离！祝福你！酒与杯恩恩爱爱！

你们本就是天生一对、地造一双，而今共结连理，今后更需彼此宽容、互相照顾，祝福你们！

他是词，你是谱，你俩就是一首和谐的歌。天作之合，鸾凤和鸣。

听说你最近结婚了，新娘子和你很般配，身材丰满，皮肤白里透红，所以大家说你们是猪联璧合的一对。

托清风捎去衷心的祝福，让流云奉上真挚的情意；今夕何夕，空气里都充满了醉人的甜蜜。谨祝我最亲爱的朋友，从今后，爱河永浴！

辛劳了半辈子，贡献了几十年，在这春暖花开的日子，恭贺您再婚之喜，正所谓“夕阳无限好，萱草晚来香”！

愿你俩用爱去缠着对方，彼此互相体谅和关怀，共同分享今后的苦与乐。敬祝百年好合永结同心，愿意你们能永远拥抱着爱情的甜蜜。

由相知而相爱，由相爱而更加相知。人们常说的神仙眷侣就是你们了！祝相爱年年岁岁，相知岁岁年年！

愿快乐的歌声永远伴你们同行，愿你们婚后的生活洋溢着喜悦与欢快，永浴于无穷的快乐年华。谨祝新婚快乐！

在这喜庆祝福的时刻，愿神引导你们的婚姻，如河水流归大海，成为一体，不再是二，并且奔腾不已，生生不息！

开业大吉

地上鲜花灿烂，天空彩旗沸腾。火红事业财源广进，温馨祝愿繁荣昌隆，真诚的祝福带动着跳跃音符，祝您万事如意生意兴隆！

根深叶茂无疆业，源远流长有道财。东风利市春来有象，生意兴隆日进无疆。

骏业肇兴、大展经纶、万商云集、骏业日新、骏业崇隆、大展鸿图、源远流长。

经之，营之，财恒足矣；悠也，久也，利莫大焉。

♬门迎晓日财源广，户纳春风喜庆多。友以义交情可久，财从道取利方长。

♬秋高气爽，时光鎏金。通过这些天紧锣密鼓的筹备，公司今天正式开业了！祝愿客户多多，钞票满满啊。

♬送你一个吉祥水果篮，低层装一帆风顺，中间呈放财源滚滚，四周堆满富贵吉祥，上面铺着成功+快乐。祝开业大吉！

♬生意如同春意满，财源更比流水长。

♬相宅而居，骏业开张安乐土；多财善贾，鸿名共仰大商家。

♬有名店店有名名扬天下，迎宾楼楼迎宾楼满一堂。厨下烹鲜，门庭成市开华宴；天宫摆酒，仙女饮樽醉广寒。

♬幽香拂面，紫气兆祥，庆开业典礼，祝生意如春浓，财源似水来！

♬莺迁仁里，燕贺德邻，恭贺迁居之喜，室染秋香之气。祝开业吉祥，大富启源！

祝贺你开业兴隆，财兴旺；财源茂盛，达八方；事业顺利，福高照；日进斗金，门庭闹。

这年头流行喝个晚茶，看个晚会，结个晚婚，道个晚安，但对你的祝贺不能晚，晚了就抓不住机会了，祝你开业大吉！

乔迁之喜

鞭炮啪啪啪，锣鼓锵锵锵，吉日良辰已来到；喜闻好友搬新家，发条短信祝福到：新天新地新福绕，新宅新院新财罩，新邻新友新吉兆，欣欣向荣幸福绕！

鞭炮乍响，锣鼓敲响，生活精彩，喝喝小酒，不同风景，大家来瞅，乔迁大喜，幸福紧拥，送完祝福，还不想走，粘帖福字，平安紧搂。乔迁大喜啊！

搬家的时候有些东西一定要带走，比如：幸福、快乐、健康等贵重物品。有些破烂是一定要扔掉的：忧伤，烦恼，无奈！祝幸福快乐！

搬新家，好运到；入金窝，福星照；事事顺，心情好；人平安，成天笑；日子美，少烦恼；体健康，乐逍遥；朋友情，忘不了；祝福你，幸福绕！

将心情打扫，迎着灿烂的朝阳；将心绪打扫，把烦恼弃之荒凉；将心境打扫，展露兴奋的脸庞；将房间打扫，搬进迷人的新房；祝乔迁大吉，喜气洋洋！

鸟枪换炮，新居报到，挥手作别老宅，好友亲朋齐欢笑！新新的房，新新的墙，还有美丽小新娘。幸福搬，快乐搬，健康和谐一起搬，良辰吉日庆乔迁！

迁入新宅吉祥如意，搬进高楼福寿安康。乔迁喜天地人共喜，新居荣福禄寿全荣。

砌铜墙粉铁壁华居添彩；上金梁竖玉柱庭宇生辉。

乔迁新居喜庆事，明媚天气锦上花；新屋新居新景象，处处洋溢美满景；全家齐聚乐一堂，欢欢喜喜来庆祝；家美人乐事事顺，工作事业蒸蒸上！

乔迁新居心情乐，旧朋帮忙新邻助；和气一团新家驻，主人开怀客人乐；新房新邻新景象，好事开头接不断；工作顺利家庭美，家庭事业双丰收！

乔迁新居喜气洋，心爽情爽事事爽；发个短信道声福，愿你搬家万事顺；喝酒庆祝朋友聚，勿忘邻里左右叫；处好邻里左右事，家庭事业皆美满！

♫乔迁大喜日，祝福送到家，福禄寿喜跟着闹。鞭炮齐轰鸣，锣鼓响震天，幸福快乐健康到。新新的房儿，新新的墙儿，新新的人儿新新的家。乔迁大喜，事业步步高，幸福常相驻。

♫生活精彩常常有，换个地方喝小酒，不同风景都来瞅，乔迁大喜热闹守，平安幸福紧紧搂，送完祝福不想走。祝乔迁大喜！

♫喜建华堂春风入座；乔迁新屋喜气盈门。甲第宏开美轮美奂；新屋落成多福多寿。

♫喜迁新居乐陶陶，吉星高照福满堂。客厅平安齐到，卧室健康齐罩，厨房美好齐降，阳台好运齐伴，就连卫生间，也是财气逼人。恭贺乔迁新居！

♫一代祥光辉吉宅；四面旺气聚重门。三阳日照平安地；五福星临吉庆门。

♫阳光明媚，东风送情，喜迁新居，德昭邻壑，才震四方！

♫租一辆幸福的车，把快乐装上，让烦恼留下。走一条平安的路，让如意开道，将阴霾驱散。放一挂响亮的鞭炮，让喜庆弥漫。祝你搬到新家乐开怀！

喜得贵子

宝宝降生，我前来贺喜，愿新生的小法宝给你们带来数不尽的快乐，祝小法宝身体健康，茁壮成长……

当爸爸啦?！等到这一天不轻易吧？但愿你的儿子以后长得有你妻子的漂亮，有你那性格中的坚强……

恭祝你们喜得千金，从今以后，千斤的幸福将压在你们身上，千斤的快乐将伴随在你们身旁，愿可爱的小千金天天健康成长！

恭喜喜得千金，恭祝弄瓦之喜，明珠入拿，增辉彩悦，衷心祝愿贵千金健健康康、快快乐乐、智慧灵秀……

恭喜恭喜！真为你们高兴，我相信，未来的岁月里这个小天使将会给你们带来更多的欢乐和幸福。

恭喜恭喜！真是德门生辉啊！你梦想中的儿子终于降临了，相信你们家以后会有让你享不尽的天伦之乐！兴奋之余，别忘了给太太多一点的关爱体贴哦！

♬花香浮动，月华如水，庆添嗣之喜！馨香传来麟儿啼声，积善之家有福，岁岁年年！

♬你真的好伟大，孕育的小生命终于降临了，你也就成为标准的母亲了。为你高兴激动，为你感到幸福，让家人照顾好宝宝，你也要更加注意自己的身体！

♬你的小宝宝这么快就与你见面了？想到以后，有个孩子要喊你妈妈，那该是件多么幸福的事情！一定要多休息，注意自己的身体。

♬千金是个宝，女儿是贴心小棉袄，今后你们的日子不再有黑暗，不再有严寒，由于她就是你们生命中的阳光，祝贺喜得千金。

♬日子突然之间多了几丝甜蜜，空气中似乎也飘着几丝温馨，在这幸福的日子里，让鲜花给您带去美好的祝福：祝您身体健康，万事如意，祝宝宝聪明伶俐，活泼可爱！

♬闻弄璋之喜，不胜高兴，特备薄礼一份，以示庆祝！

闻君喜得贵子，甚是欢喜，真乃天赐石麟，德门生辉，特来恭祝兰梦之喜，真诚祝愿贵公子健康成长，快乐幸福，前程无量！

喜得贵子，前来贺喜，合家欢乐！如意吉利！恭祝令郎，身体健康！茁壮成长！

现在的你应该比小时候过年还要高兴几万倍吧？是啊，当爸爸的那种幸福感觉，应该是想挡都挡不住的，相信你们家以后会有更多的欢声笑语！

喜得贵子升格当了爸爸，我们也可以沾光普升一级，养儿子任重而道远，加倍努力啊！

一抹夏日为新生宝宝送来祝福，一缕清风为锦绣新妈送来甜美，愿新妈妈、乖宝宝健健康康，幸福无极限！

正切驰思，忽传雀报。得悉君家有掌珠之喜，敬贺敬贺。盖桂子将荣，海棠必为之先发。矧他日乘龙获选，射雀征祥。既有冰清，自来玉润，更为可贺。附陈（礼物名称），不足为礼，聊以伴函。顺颂潭祉。

祝贺你终于由准妈妈荣升为“妈妈”，你像掉进了蜜糖，烈日也暗淡无光，愿好运永远绕着你，愿欢乐永远吻着你，愿宝宝快快成长！

金榜题名

春天你撒下汗水，用一片碧绿来换取金秋的满地黄金，收获的是成功的喜悦，迈入另一阶段，你的生命会更加精彩。恭喜高考成功！

大鹏一日随风起，扶摇而上九万里。慕鸿鹄树千里高志，迎六月展万里鲲鹏。一颗平常心，一腔凌云志，心中的你定能金榜题名，锦衣凯旋归。

恭喜高中，祝愿其：鹏程万里！前程似景！！

皇城庙的老道说你明眸皓齿沉鱼落雁聪明伶俐学富五车，为了你的伟大梦想能够早日实现，我必闻鸡起舞日理万机面北而拜歌经颂佛——哈利路亚。祝：金榜题名！

火红喜悦，挂满一个季节。金榜题名，远去漫漫长夜。一筹大展登云志，跬步启风雷。十载自能弄海潮，雄风惊日月。栉风沐雨的劳作，成长烦恼的挫折，幻化成锦绣前程载入史册。

鲤鱼不跃，岂可成龙？大鹏驻足，焉能腾空？

十年磨刀霍霍，只为今朝一搏。人生能有几回搏，又是一年高考时，此时不搏何时搏？

年年岁岁，寒窗苦读。春日六月，美妙时光。千千学子，红运当头。驰骋考场，大展英姿。祝福明日，灿烂如花。两月过后，金榜题名。

水滴石穿业精不舍，海阔天高学贵有恒。

三年时光去匆匆，风雨兼程苦重重。待到金榜题名时，一切辛劳皆成空。今日高考得胜利，来年腾飞化作龙，愿你求学再成功！

十年寒窗苦种种，只为一朝化作龙，今日得遂凌云志，青云路上九霄冲，知你高考得成功，诚心祝福在心中，愿你人生一路顺风。

十年寒窗，百日风雨，行遍书山，航终树海，千磨百炼，铁杵成针，浪淘水洗，沙尽金见。祝愿高考金榜题名。

生命中有你，感觉精彩；回忆中有你，感觉温馨；旅途中有你，感觉烂漫；失落中有你，感觉温暖；沉默中有你，感觉亲切；朋友中有你，我不再孤单！恭祝金榜题名。

所谓人生四大喜事"久旱逢甘霖，他乡遇故知，洞房花烛夜，金榜题名时"，其中以"金榜题名"最为家人、亲属所荣耀。我要祝贺 XX 考入了 XX 大学。

同窗几年，一直都很佩服你的毅力，学习中，你总是那么优秀、出色，想必只有你最了解自己的付出，否则也不会有今天学业上的成功，真诚地祝贺你！

祝贺你考取了自己理想的大学，那段艰苦奋斗、刻苦学习的日子可以暂画一个句号了，这段日子，让自己干自愿事、吃顺口饭、听轻松话、睡安心觉吧！

衷心祝贺 ×××（小孩名字）考取大学，这是你们的骄傲，也是我们大家的快乐，希望他再接再厉，成为国家栋梁！

娱乐

世说新语

☞0 岁出场亮相，10 岁天天向上；20 岁远大理想，30 岁发奋图强；40 岁基本定向，50 岁处处吃香；60 岁打打麻将，70 岁处处闲逛；80 岁拉拉家常，90 岁挂在墙上！

☞20 岁看体力；30 岁看学历；40 岁看经历；50 岁看智力；60 岁看病历；70 岁看日历；80 岁看黄历；90 岁看舍利。

☞21 世纪内，我们的新“四化”目标是：给太阳装上开关，给黄河按上栏杆，给飞机设计倒挡，为长城贴上瓷砖！

☞50 后：“活着就是为了改变这个世界！”60 后：“如果改变不了这个世界，我就征服这个世界。”70 后：“如果改变不了这个世界，我就改变自己。”80 后：“如果改变不了这个世界，我就换个地界。”90 后：“如果改变不了这个世界，我就退回到自己的世界。”

☞CPI 再创新高了，小猪赛跑夺魁了；和谐家园入住了，浇筑忘放水泥了；高速铁路建成了，动车途中追尾了；降速势在必行了，出行又靠步行了。

至于你信不信，反正我是相信了。

☞爱情就像两个拉橡皮筋的人，受伤的总是不愿放手的那个。

☞爱上一个人呢，只需要一秒钟的时间。而实践这个爱字，却要用一生。

☞安静的时候我就睡觉，运动的时候我就翻身。

☞把麻将声换成键盘的敲打声，把觥筹交错声换成琅琅的读书声。

☞拜托不要叫他动脑子好不好——左脑全是水，右脑全是面粉，不动便罢了，一动全是浆糊。

☞对我来说，钱不是问题，问题是没钱，而更大的问题是有钱买不着回家的火车票。

☞爆笑汽车后窗标语："您是师傅随便超"，"女司机+磨合+头一次=女魔头"，一小面贴的是"面中面"，一大婶贴"您就当我是红灯"。

☞背黑锅我来，送死你去；拼命你来，陪姑娘我去；莫怕死莫颤抖，牺牲了你还有我！

☞被褥要求：整整齐齐，平四方，侧八角，苍蝇飞上去劈叉！蚊子飞上去打滑！

☞本人年方20，人见人爱，花见花开，车见车爆胎！上知天文地理，下知鸡毛蒜皮，每外出行走，常引美女回头、帅哥跳楼！

☞本人生性善良，踩死一只蚂蚁也会念经诵佛，超渡亡魂，更怕其死后单身寂寞，遂又踩死数十只蚂蚁为其做伴，可谓尽心尽力。

☞别人都在假装正经，那我就只有假装不正经啦。

☞常有压力＝工作不差！常换衣服＝有个好家！常去购物＝有钱可花！常被宴请＝仍有身价！常有约会＝年龄不大！常收信息＝有人牵挂！

☞初恋的味道：酸奶，甜而酸；热恋的味道：酒，容易喝晕；结婚的味道：茶，不换的话，越泡越淡越无味；离婚的味道：咖啡，苦但使人清醒。

☞单身并不难，难的是应付那些千方百计想让你结束单身的人。

☞当你们因是否该为五斗米折腰而纠结，我仍在为米够不够五斗而苦恼。

☞人的一生好像乘坐北京地铁一号线：途经国贸，羡慕繁华；途经天安门，幻想权力；途经金融街，梦想发财；经过公主坟，遥想华丽家族；经过玉泉路，依然雄心勃勃…这时，有个声音飘然入耳：乘客你好，八宝山快到了！顿时醒悟：人生苦短，何不淡然。

☞该吃吃，该喝喝，遇事别往心时搁；泡着澡，看着表，舒服一秒是一秒；甜的多，苦的少，生活像颗五味枣；心情好，最重要，快乐幸福乐逍遥！

☞等中国强大了，也让老外考中文四六级。四级作文格式都是文言文，要求用毛笔写。六级作文发每人一把刀、一个龟壳，刻甲骨文！

☞感情是场骗局，我顶多算个卧底！

☞哥不喝酒，哥喝的是忧愁。哥不聊天，哥聊的是寂寞！

☞各位女同事，请不要对我放电，我老婆有来电显示。

☞工作，退一步开阔天空；爱情，退一步人去楼空。

☞孤单是一个人的狂欢，狂欢是一群人的孤单。

☞观念是这样更新的：过去叫开会，现在叫论坛；过去叫单位，现在叫机构；过去叫集体，现在叫团队；过去叫目录，现在叫菜单；过去叫计划，现在叫策划；过去叫痛快，现在叫爽歪歪；过去叫关系密切，现在叫零距离接触；过去叫瘦弱，现在叫骨感；过去叫减肥，现在叫瘦身；过去叫救市，现在叫维稳。

☞好不容易上了岗，结果是富士康管的；好不容易买个紫砂锅，结果是美的产的；好不容易参加了培训，结果是山木办的；好容易弄个药方，结果是张悟本编的；好不容易找个对象儿，结果是天上人间的；好不容易读了博士，结果校友是唐骏。

☞很多人不需要再见，因为只是路过而已，遗忘就是我们给彼此最好的纪念。

☞谎言与誓言的区别在于：一个是听的人当真了，一个是说的人当真了。

☞汇报搞不好就成告密，演说搞不好就成吹牛，沉默搞不好就成苟同，慎重搞不好就成胆怯，回避搞不好就成心虚，认真搞不好就成繁琐，规则搞不好就成关卡，拒绝搞不好就成翻脸，承诺搞不好就成放屁，坚持搞不好就成犟筋，曝光搞不好就成抹黑，劝架搞不好就成帮凶！

☞活在自己心里，不要活在别人的眼里。

☞寂寞就是有人说话时，没人在听；有人在听时，你却没话说了。

☞可怜的男人：事业是国家的，荣誉是单位的，成绩是领导的，工资是老婆的，财产是儿子的，错误是自己的。

☞口袋里没钱心里也没钱的人，不痛苦；口袋里没钱心里有钱的人，最痛苦；口袋里有钱心里也有钱的人，最烦恼；口袋里有钱，心里却没钱的人，最幸福！

☞老天，你让夏天和冬天结婚了吧？生出这鬼天气！

☞领导没有不重视的，进展没有不顺利的，问题没有不解决的，完成没有不超额的，成就没有不巨大的，竣工没有不提前的。

☞“恋”是个很强悍的字。它的上半部取自“变态”的“变”，下半部取自“变态”的“态”。

☞名花虽有主，我来松松土，只要锄头挥得好，哪有墙角挖不倒。

☞名人沉迷娱乐叫热爱生活；凡人沉迷娱乐叫虚度光阴。

☞名人就是出名前别人不知道他是谁，出名后他不知道自己是谁的人。

☞男人生来就有罪，做事不能怕累，约会当然你付费，甜言蜜语要死背，每月薪水要上交，不要期望有回馈，错误都是你不对。

☞你是10足花心人，常与9作乐，8不得家有亿万钱财，长年弃7不顾，成天6达，寻找猎物，5需多问，而4性不改，还3心2意，你1定不是好人。

☞女人的怕：一怕年纪大二怕腰围大，三怕没有零花钱，四怕衣服老掉牙，五怕孩子泡吧不回家，最后一怕——老公心太花。

☞女人四大愿望：轻松上班轻松家，随意购物随意花，浪漫爱情浪漫他，青春少女青春妈。

☞牛肉面里吃不出牛肉，正如老婆饼里吃不出老婆。

☞骑白马的不一定是王子，他可能是唐僧；带翅膀的也不一定是天使，那可能是鸟人！

☞前清时期坐过堂，北洋军中扛过枪；武昌城里落过荒，北伐战争帮过忙；南昌外围受过伤；万里长征翻过墙，敌后抗战偷过羊；还有谁能比我强？

☞钱不是问题，问题是没钱。

☞请转告王子，老娘还在披荆斩棘的路上，还有雪山未翻、大河未过、巨龙未杀、帅哥未泡……叫他继续死睡吧！

☞人不能把钱带进坟墓，但钱却可以把人带进去。

☞人生最大的悲哀，就是把新欢变成旧爱，把冲动变成习惯。

☞人在江湖，身不由己；人在婚姻，爱不由己；人在官场，话不由己；人在单位，事不由己；人在世上，命不由己；人生无奈，有何归己；享受生活，善待自己！

☞人在江湖走，总会遇高手。人在江湖飘，哪会不挨刀。

☞人这一辈子，怎么都是过。与其眉头锁，不如偷着乐。有钱别装穷，没钱别摆阔。闲暇养养身，每日找找乐。苦辣酸甜都尝过，才算没白活！

☞人生十最，最难改变的是本色；最难说出的是真话；最难买到的是房子；最难卖出的是健康；最难抵制的是女人；最难适应的是涨价；最难留住的是金钱；最难挽回的是感情；最难预防的是疾病；最难收到的是这条真心短信。

☞日出东海落西山，愁也一天，喜也一天；遇事不钻牛角尖，人也舒坦，心也舒坦；常与知己聊聊天，古也谈谈，今也谈谈，不是神仙胜似神仙！

☞若要一辈子高兴，做事！若要一阵子高兴，做官！若要一个人高兴，做梦！若要一家子高兴，做饭！若要一圈人高兴，做东！

☞“四草”法则：兔子不吃窝边草，好马不吃回头草，老牛时兴吃嫩草，天涯何处无芳草！

☞上联：人很简单事很简单人事很不简单。下联：生很容易活很容易生活很不容易。横批：简单生活。

☞什么叫多余？夏天的棉袄，冬天的蒲扇，还有等我已经心冷后你的殷勤。

☞什么是银行？工行的网点，招商的卡，浦发的存款人人拉；中信的理财，交行的网，深发的贷款靠电话；花旗的广告，东亚的套，外资的产品是把刀；兴业的费用，渣打的楼，工行排队是潮流；汇丰的美女，农行的汉，民生的客户经理满街转；银监的检查，人行的罚，案件一发让你垮。介个就是银行！

☞使你疲劳的不是远方的高山，而且是你鞋里面的一粒沙子。

☞树不要皮，必死无疑；人不要脸，天下无敌。

☞刷牙是一件悲喜交加的事情，因为一手拿着杯具，一手拿着洗具。

☞水至清则无鱼，人至贱则无敌。

☞所谓门槛，过去了就是门，没过去就成了槛！

☞天是蓝的，海是深的，男人的话没一句是真的；爱是永恒的，血是鲜红的，男人不打是不行的；男人如果是有钱的，和谁都是有缘的，男人靠的住，猪都会爬树。

☞跳舞太累、唱歌很贵、不如来个同学会，怀念校园滋味，避免单身心碎，互相信息反馈，撮合几对是几对！

☞听说女人如衣服，兄弟如手足。回想起来，我竟然七手八脚地裸奔了20多年！

☞通往成功的路，总是在施工中。

☞我的优点是：我很帅；但是我的缺点是：我帅得不明显。

☞我和我女朋友之间产生了一点小分歧：我希望她视黄金如粪土，而她希望我把粪土变黄金……

☞我就像一只趴在玻璃上的苍蝇，前途光明，出路没有。

☞我是白领：今天领了薪水，交了房租水电，买了油米泡面，摸了口袋，感叹一声：这个月工资又白领了……

☞我想当皇帝，怕啰嗦；想当官，怕事多；想吃饭，怕刷锅；真想揍你一顿，怕惹祸！

☞我允许你走进我的世界，但绝不允许你在我的世界里走来走去。

☞我这人从不记仇，一般有仇当场我就报了。

☞小时候我以为自己长大后可以拯救整个世界，等长大后才发现整个世界都拯救不了我。

☞新人类四项基本原则：做人要低调，行事需高调，恋爱讲情调，唱歌不跑调！光荣在于平淡，艰巨在于漫长。

☞薪水很重要，穷困很难熬，若为世界杯，二者皆可抛。宁可少买衣，足球不能少，即便不吃饭，也要熬通宵。

☞幸福是什么？幸福就是你吃鱼，我吃肉，看着别人啃骨头。

☞学士上面是硕士，硕士后是博士，博士读完还有博士后！如果你够勇敢，再读两年就是勇士，再读 5 年是壮士，再读 7 年是烈士！

☞一个人的伟大，并不是说你为社会做出了多少贡献，你多有成就，而在你面对诱惑的时候，懂得放弃。

☞一个人可以背金钱的债，却不能背感情的债。背金钱的债你有还清的希望，而背了感情的债也许到死都会愧疚。

☞一怕饭局“车轮战”，太累。二怕春运压力大，太惧。三怕父母逼婚事，太窘。四怕往来人情债，太烦。五怕钱包不够鼓，尴尬。六怕事业无成就，羞愧。七怕节后综合症，太愁。

☞一山不能容二虎，除非一公和一母！

☞有了钱，你可以买楼，但不可以买到一个家。有了钱，你可以买钟表，但不可以买到时间。有了钱，你可以买一张床，但不可以买到充足的睡眠。有了钱，你可以买书，但不可以买到知识。有了钱，你可以买到医疗服务，但不可以买到健康。有了钱，你可以买到地位，但不可以买到尊重。有了钱，你可以买血液，但不可以买到生命。

☞愚者坐以待毙，智者坐以待币。

☞在北京挤公交是包含散打、瑜珈、柔道、平衡木等多种体育和健身项目于一体的综合性运动。

☞在饭堂排队打饭时，最大的欣慰不是前面的人越来越少，而是后面等的人越来越多。

☞最昂贵的笑，千金一笑；最珍贵的打扮，披星戴月；最惬意的步伐，平步青云；最严重的腹泻，一泻千里。

☞最完美的产品在广告里，最完美的人在悼词里，最完美的爱情在小说里，最完美的婚姻在梦境里。

时尚寓言

☞吸血蝙蝠满身鲜血回来，众蝙蝠很羡慕，问他哪找来的鲜血？它将众蝙蝠带到一棵大树旁问：看到大树没有？众蝙蝠答：看到了！它说：靠！我就没看到！

☞两只水母相撞，水母甲大骂：你不长眼睛啊！水母乙不解地问：什么是眼睛？水母甲挠挠头：我也不知道，上次撞到别人时，它就这样骂我的……

☞兔子第一天去钓鱼，没钓到；第二天又去仍空手而归；第三天兔子刚走到河边，鱼就跳出来大骂：你再拿萝卜当饵，我一巴掌打死你这兔崽子！

☞狼病了，兔子带胡萝卜探望。狼：来就来，带礼物干嘛！兔子：来看看，别人说您也许不喜欢这礼物。狼：我非常喜欢你的礼物，胡萝卜先生。

☞有一天老虎感冒了，要吃掉熊猫，熊猫哭了：

“你感冒为啥要吃我呢?”老虎说:“不都这么说么,感冒了得吃白加黑……”

☞两匹马站在高速公路旁看汽车飞驰,发现驾驶员身上都系着带子。一匹马对另一匹说:我知道人为什么不需要我们了,现在,他们自己拉车了……

☞农夫要杀公鸡,逮半天逮不着。于是抓起母鸡威胁道:再不下来,我让你一辈子打光棍!公鸡冷笑:你以为我傻呀!我要下去,它就成寡妇啦!

☞蜈蚣被蛇咬了,为防毒液扩散必须截肢!蜈蚣想:幸亏偶腿多!大夫安慰道:兄弟,想开点,你以后就是蚯蚓了!

☞鱼说:我时时刻刻睁开眼睛,就是为了能让你永远在我眼中。水说:我时时刻刻流淌不息,就是为了能永远把你拥抱。锅说:都快熟了,还这么贫!

☞乌龟:要不是老上网,我这脸也不会绿得跟屏保似的!章鱼:要不是老吸烟,我也不会急了就吐烟圈!青蛙:要不是老看短信,我这嘴也不会乐成这样啊!

☞6碰见9说:走两步就走两步呗,练什么倒立啊;0碰见8说:胖就胖呗,还系什么裤腰带啊;7

碰见2说：行了别跪着了，再跪也不嫁给你！

☞长颈鹿嫁给了猴子，一年后长颈鹿提出离婚：我再也不要过这种上蹿下跳的日子了！猴子大怒：离就离！谁见过亲个嘴还得爬树的！

☞四只老鼠吹牛：甲：我每天都拿鼠药当糖吃；乙：我一天不踩老鼠夹脚发痒；丙：我每天不过几次大街不踏实；丁：时间不早了，回家抱猫去！

☞一群蚂蚁爬上了大象的背，但被摇了下来，只有一只蚂蚁死死地抱着大象的脖子不放，下面的蚂蚁大叫：掐死他，掐死他，小样，还反了！

☞一只小狗爬上你的餐桌，向一只烧鸡爬去，你大怒道：你敢对那只烧鸡怎样，我就敢对你怎样，结果小狗舔了一下鸡屁股，你昏倒，小狗乐道：小样看谁狠。

☞蚂蚁懒洋洋地躺在土里，伸出一只腿，朋友问你干嘛呢？蚂蚁：待会大象来了，绊他一跟头。

股海弄潮

☞A股已日薄西山，H股是明日黄花，现在最流行的是P股。

☞本想抄底，而且抄在了地板上，却没想到还有地下室；抄在地下室的，没想到下面还有地窖；抄到了地窖的，没想到下面还有地壳；抄在地壳上的，没想到下面还有地狱；拼死抄到了地狱里的，结果是死了也没想到：地狱居然还真有十八层！

☞地摊上九个擦皮鞋的摊位，只有一个老大爷在干活，排队等待的客人好几位，心急的人问，其他人呢？大爷说，“股市交易时间，都去看盘了。”客人感慨：“这年头，是个人都去炒股了，还就是您把持得住！”大爷说：“我那只停牌一个月了。”

☞股民的 N 种死法：刚买进的股票第二天涨停——高兴死；一买就跌、一卖就涨——郁闷死；自己刚卖出的股票一涨不回头——懊恼死；自己刚买入的股票跌跌不休——后悔死；守着大堆套牢的股票——难过死；大盘涨升而手中个股不涨反跌——可怜死；中了庄家圈套被迫高处站岗——恨死；增发就跌停——气死；熊市炒股——跌死；牛市炒股——追死；大盘股发行——压死；虚假业绩陷阱太多——触雷死；手中股票终于解套——幸福死；老婆查账而资金损失过半——怕死；推荐股票让人亏了钱——被人骂死；割肉在底部，追涨在顶部——被人笑死。

☞股民十不该：一不该呀二不该，你不该异想天开地想发财，异想天开发财也没有关系呀，你不该一头钻进股市来。三不该呀四不该，你不该一头钻进股市来，一头钻进股市也没有关系呀，你不该股价见顶你才买。五不该呀六不该，你不该股价见顶你才买，股价见顶才买也没有关系呀，你不该明知买错不悔改。七不该呀八不该，你不该明知买错不悔改，明知买错不悔改也没关系呀，你不该跌到底部杀出来。九不该呀十不该，你不该跌到底部杀出来，跌到底部杀出来也没有关系呀，你不该再次追高重复着来。

☞股民谈恋爱：女："你有房子、汽车吗？"男："有。"女："很好，你是干什么工作的？"男："职业股民。"女："那我们只好拜拜了。"男："为什么？"女："我的前任男友也是有房有车的，但做股民后就全都没有了。"

☞股民阅兵式实况转播："走在机构队伍后面的是被套股民方阵，他们身着绿色服装正迈着整齐的步伐向我们走来。"方阵中举着鲜红的横幅"优化资源配置，调整经济结构"、"理性投资，防范风险"、"誓死跑赢 CPI"、"套得住我们的金钱，套不住我们的勇气"、"套得住我们的现在，套不住我们的将来！"

☞股市八荣八耻：以做多为荣，以做空为耻；

以重仓为荣，以轻仓为耻；以持股不动为荣，以频繁换股为耻；以分析资金面为荣，以分析基本面为耻；以大买 st 为荣，以持有绩优股为耻；以忽悠大家炒股为荣，以一个人蒙头赚钱为耻；以看多为荣，以看空为耻；以等到赚十倍为荣，以赚三倍就跑为耻。

☞股市大跌，老婆心情不好，处处找茬，嫌菜太咸，电视节目不好看。晚上睡觉，老婆躺在床上翻来覆去睡不着，起来要换床单。“床单又没惹你，换什么?”“我想换床素的，躺在这印花的床单上睡觉容易让我想起印花税。”

☞股市连续几天下跌，一股民抱着证监会主席哭：“大哥，你就一次性把我的钱全没收了吧，这样一天一天的跌太吓人了。”

☞股市连涨数日，某日股市大跌，大家很不愉快。张三下午收盘后也郁闷，回到了家，碰巧儿子放学回家，推门叫了声“爹”，张三勃然大怒，“不能叫跌（爹），要叫加涨（家长）”。晚上吃饭，张三的兄弟张四来窜门，进门后叫了声“哥”，张三这下拉长了脸，“不能叫割（哥）”，要叫汹涨（兄长）”。

☞婚恋如股市：刚谈朋友，叫“探行情”；初恋叫“朦胧利好”；谈朋友叫“选股”。

☞开户入市，欢天喜地；涨个不停，金天银地；熊市忽至，呼天抢地；股票套牢，昏天黑地；抛仓割肉，恨天怨地；一朝解套，谢天谢地。

☞亲爱的，你慢慢追，小心机构和黑嘴来捣鬼；亲爱的，你选中谁，红色涨幅会让你沉醉；亲爱的，你大胆追，跌穿 K 线才知谁倒霉；亲爱的，来挑个股，以为捂到春天有回馈；我和你涨涨跌跌一起飞，梦想着财富紧相随；股市深如水，多少血和泪，可别辜负你的疯狂和劳累；等到股灾起，钞票化成灰，你才懂得真后悔！

☞手舞足蹈，涨停解套，欲与道琼试比高。疯牛市，看红盘一片，分外妖娆。股市如此多娇，引无数百姓掏腰包。惜亿安海虹，略输风采；德隆中科，稍逊风骚。一代天骄 ST 有色，一天长出十年膘。俱往矣，数风流个股，还看包稀！

☞现在的股票啊，它含跌量高，跌 1 天，顶过去 5 天，实惠，看它，一口气跌 5 天，不反弹。买了它啊，腰不酸了，腿不痛了，跳楼也有劲。

☞熊在吼！牛在逃！庄家在咆哮！股民在哀号！回首昨日万丈高，前瞻明天又要跌了。万绿丛中，套牢散户真不少；一点红里，黑庄掩口窃自笑。割肉逃离又涨，回头买入再套。

☞一股票投资者在海边闭目养神，突然一游客过来说：先生，涨了，快走！投资者：慢走，大好机会，立即通知所有代理商，全部清仓！

☞一只壁虎在一家证券公司门口迷了路，这时正好有一条大鳄鱼远远地爬了过来，准备要一口吃掉它，情急之下，小壁虎上前一把抱住了鳄鱼的腿，大声喊："妈妈！"大鳄鱼一愣，立即老泪纵横："儿啊，刚炒股半个月就瘦成这样了。"

☞早上，秘书迟到了，经理质问说："都几点了？"秘书答："3100点。"经理愠怒："我问你的是时间！"秘书忙道："跌得太快了，开盘不到半小时就3100点了。"经理大怒："出去！"秘书怔了怔说："急跌不能出！"

☞涨停几时有，把酒看大盘。不知大盘走势，还能牛几年？我欲清仓归去，又恐明年万点，踏空不胜寒。与其储蓄负利，何必混其间？少追涨，勿杀跌，夜安眠。不应有恨，获利总在无意间。月有阴晴园缺，股有涨跌横盘，此事古难全。但愿牛市久，千里共财源！

☞忠告股民，近期不要进入股市，否则：宝马进去，自行车出来；西服进去，三点式出来；小伙子进去，老头子出来；老板进去，打工仔出来；富翁进去，叫花子出来；人才进去，饭桶出来；博士进去，白痴出来；貂禅进去，母猪出来；别墅进去，草棚出来；坐火箭进去，坐潜艇出来；蟒蛇进去，蚯蚓出来；鳄鱼进去，壁虎出来；黑发进去，白发出来；地球进去，乒乓球出来；牵着狗进去，被狗牵着出来。

酒桌风云

☞阿龙：你怎么伤成这样？阿瓜：昨天我带6升啤酒回家，上楼时滑倒直接摔到1楼了……阿龙：酒也洒了么？阿瓜得意：我嘴巴咬紧，一滴没洒！

☞阿龙到酒吧应征警卫。招聘人：有经验吗？阿龙说当然，然后将一酒鬼踢出门。招聘人：现在请等经理一会，他刚被你踢出去了。

☞阿龙去喝喜酒。席间突然停电，他担心别人偷吃菜，就提议拍手唱歌。正在拍手时电突然来了，大家一看，阿龙正在一手夹菜一手打自己耳光……

☞阿龙嗜酒如命，医生建议他采取瑜伽法戒酒。医生碰见他妻子就问她丈夫做得怎么样。“大夫，很糟糕，现在他可以倒立着喝酒了。”

☞阿龙醉酒和性感女郎调情。妻走过来说：回家后别忘提醒我为你青肿的眼睛涂药膏。阿牛：我眼睛没肿啊？妻：我们不是还没到家嘛！

☞半斤酒，漱漱口；一斤酒，照样走；斤半酒，扶墙走；两斤酒，墙走我不走。

☞车祸，唯有宠物狗幸存。交警问狗："出事前你主人在干嘛？"小狗做喝水状，摇晃……交警："他在喝酒？那你呢？"小狗端坐，双手做驾驶状。

☞城市灯火惹人醉，人在江湖确实累；困难重重梦难遂，残酷现实要面对；生活无聊心疲惫，笑对人生无眼泪；人生难得几回醉，可别太累！

☞喝酒四记：和老板喝，以老板满意为原则；和客户喝，以他醉我不醉为原则；和女朋友喝，以她晕我不晕为原则；和朋友喝，以把自己灌晕不用付钱为原则。

☞花样小酒天天有，整完白酒整啤酒；强中自有强中手，不全撂倒誓不走；酒过三巡情飞扬，谁也不扶就扶墙；酣然一梦似断肠，醒来一看是茅房！

☞激动的心，颤抖的手，我敬领导一杯酒，领导随意我一口，领导不喝我不走，领导喝了这杯酒，就知下步怎么走。

☞酒，装在瓶里像水，喝到肚里闹鬼，说起话来走嘴，走起路来闪腿，半夜起来找水，早上起来后悔，中午酒杯一端还是挺美。

☞酒场就是战场，酒风就是作风，酒量就是胆量，酒瓶就是水平。

☞酒鬼在路边啜泣，路人好奇，酒鬼：我想念妻子，昨天我用她换了瓶酒。路人怒：你这蠢货！知道错了？酒鬼：错了，我现在没妻子能换酒了。

☞两个酒鬼闲聊，“我真该死。我把曾结过婚的事告诉了老婆。”“我更该死！我酒后失言，把我打算再结婚的想法也说给我老婆听了。”

☞两个酒鬼在一起喝酒，一个说：“我真的倒霉透了，我的那个老婆拿走我所有的财产跟着一个穷鬼跑了！再也不回来了……”另一个酒鬼晃着脑袋说：“得了罢老兄，你那一页儿……已经翻过去了！你还算挺幸运的，跑了你还可以再找一个；我老婆拿光了我所有的钱财，但她还是不肯走！这一页什么时候才能翻过去呢？……你说……”

☞路人：你为什么求乞？乞丐：因为我需要钱买酒喝。路人：那你为什么要喝酒？乞丐：好有勇气求乞。

☞阿龙在酒吧喝酒时想去厕所又怕别人偷喝，便留张纸条：杯中有痰。等他回来后发现纸上加了一句：我也吐了。

☞律师质问交通警："一个人跪在马路中间就能证明他喝醉了吗？""不能，但他要把马路中间的那条白线卷起来。"

☞你是风儿我是沙，我是叶儿你是花，你乖别人都在夸，没你我会去酒吧，忧伤一醉地上爬，想你念你天也塌，酒醉过后大街趴，警察叔叔送回家！

☞女：你看到旁边坐的那个男人吗？男：嗯……有看到……女：自从五年前我拒绝他的求婚后，他就每天喝酒至今。男：真搞不懂，他需要庆祝这么久吗？

☞我喝酒是想把痛苦溺死，但这该死的痛苦却学会了游泳。

☞小美扶着烂醉如泥的男友请牧师证婚。牧师：你瞧他醉成这样，我怎能给你俩证婚？小美满脸愁容：可是他若是不喝醉，是绝不会跟我结婚的！

☞笑谈酒仙喝酒的三个境界。第一境界：对所有的朋友嚣张地说："和我喝酒，我喝死你们！"第二境界：对所有的朋友张狂地说："和我喝酒，我喝得你们死去活来！"第三境界：对所有的朋友丧气地说："和我喝酒，我喝死！"结论：但凡和酒斗的人，无一不败倒在酒的脚下。

☞夜里俩酒鬼一起回家。"看，老张，小偷从你家窗户进去了！""小声点，别吱声，让他去吧。我老婆以为是我回来了，会给他颜色看的。"

☞一长相很安全的胖妇，跑到交警面前："有个男的一直在跟踪我。"交警打量了胖妇一下说："我想他可能一时喝醉了，等一下就没事了！"

☞一醉汉不慎从三楼掉下，引来路人围观，一警察过来：发生什么事？醉汉：不清楚，我也是刚到。

☞早上喝酒不能多，今天还有好几桌；中午喝酒不能醉，等到下午还开会；晚上喝酒不能倒，免得老婆爱人到处找。

开心校园

☞阿龙：如果牛顿当初坐的不是苹果树下，而是椰子树底下呢？老师：砸死了！

☞阿龙转学填表，在"是否因考试作弊受到处分”栏中填了一个“无”字。下面一栏是“说明原因”，阿龙想了想，提笔继续写道：未曾失手。

☞大学四年——大一：大学路还是平坦的，心顺；大二：大学还是要四年念完的，心烦；大三：大学还是没念完的，心急；大四：大学还是在苦念的，心碎！

☞高考成绩出来了，老师长出一口气对阿龙说：其实没考上，对你和大学都是一种幸福。

☞黑人学生对白人同学说：上帝不公平，白人作弊真方便。同学不解，黑人学生郁闷：考试时你们把答案写腿上就行了，可我照着干啥都看不见！

☞课堂上老师提问：谁会用“要么……要么……”造句？阿瓜赶紧举手：气球五毛钱一个，要么，要么？

☞老师问：有谁知道爸爸的年龄？小强举手：五岁！老师笑：爸爸不会这么小。小强辩解：爸爸说他从我出生那天才做爸爸的，当然和我一样大。

☞上游泳课时，很多同学不敢下水。老师：谁不下水，我就在点名簿上把他名字划掉。阿龙嗫嚅：只怕一下水，我家户口名簿要把我名字划掉了……

☞小约翰上完历史课后，问汤姆：我们的祖先没有电，没收音机，也没电视，我不明白他们是怎么活的？汤姆耸肩：是啊，所以他们都死了！

☞学院篮球决赛前，历史系与计算机系均张贴海报给各自球队助威。历史系云：历史总是惊人的相似！计算机系写：舆论公认计算机将改写历史。

☞张老师向李老师诉苦：昨天我把一个不洗脸的学生撵回家了。李老师：那今天他一定洗得很干净来上学了。张老师叹：今天全班学生都没洗脸……

家庭幽默

☞阿龙：我好高兴，我的作文终于写通顺了！妈妈：进步真快，何以见得？阿龙：以前老师给我的评语总是说狗屁不通，今天老师写的是放狗屁！

☞阿龙哭着进屋对妈妈说：我把花园的梯子弄倒了！妈妈：没砸到你吧？阿龙：没。妈妈放心：叫你爸把梯子扶正就是了。阿龙：爸爸在梯子上……

☞夫：你出去可别带那只狗。妻：我觉得它很可爱。夫：你想以它作为对比，显示你的美貌吧？妻：你真糊涂，如果那样，我还不如带你出去呢！

☞夫妻俩看电视，主持人说：据调查，男人中有 70% 的希望有一次婚外恋。丈夫赶紧解释：我是另外的 30%。这时主持人又说：而另外的 30% 希望有很多次！

☞父子俩在谈论幸福。父亲语重心长：真正的幸福只有当你结婚后才能知道！儿子半信半疑：真的吗？父亲感慨：是啊！但那时候知道已太晚了。

☞结婚十年后，妻子对丈夫说：“亲爱的，我一直在瞒着你，我其实是个色盲患者。”丈夫：“我的上帝，你一直不知道我是个黑人？”

☞老婆迷上做菜，做了老公最爱的剁椒鱼头。老公尝后咂巴着嘴：好东西，多好的东西呀！老婆高兴：那多吃点。老公：可惜，全让你给糟蹋了。

☞女儿：爸爸，你算术为什么没有妈妈好？父亲不解：你怎么知道？女儿：你每天向妈妈报账时，她总是说：“错了！你剩下的钱到哪里去了？”

☞妻子：亲爱的，昨晚我梦见你答应给我一千块钱买衣服。你会成全我的美梦吧？丈夫：当然。不过说来也巧，昨晚我梦见自己已经把钱给你了。

☞妻子怒气冲冲拿出丈夫以前写给别的女人的

情书，上面写着：你是我的生命。丈夫看见了，灵机一动说：可是见了你，我连命都不要了！

☞小明告诉妈妈："今天客人来家里玩的时候，哥哥放了一颗图钉在客人的椅子上，被我看到了。"妈妈说："那你是怎么做的呢？"小明说："我在一旁站着，等客人刚要坐下来的时候，我将椅子从他后面拿走了。"

☞爷爷过百岁大寿，邻居问其长寿秘诀。爷爷笑：75 年前我结婚时，和妻子约定吵架后谁理亏谁就出去散步。75 年来，我天天在院子里散步……

☞丈夫给杂志社写信提建议，编辑部回寄样刊作答谢。丈夫很开心，妻子问他接着有什么打算，丈夫一本正经地说：嗯，我要给汽车公司提建议……

☞丈夫下班回家，发现妻子不在家，只在桌上留了一个纸条，上面写道：午饭在《烹饪大全》第 215 页，晚饭在 317 页，麻烦你自己找。

☞丈夫出差回来，妻子：你脸色不好，晕车了？丈夫：我的座位背向车头，我不习惯。妻子：为什么不跟对面换个座位？丈夫：对面座位上没人，没法换呀！

笑傲江湖

☞阿瓜：你的身材怎么能一直保持得这么好？阿龙：靠跑步！阿瓜：那一定很辛苦吧？怎样才能保持跑步的习惯呢！阿龙：靠欠债！

☞阿瓜：十一你打算去哪儿度假？阿龙：如果小强还我钱，就全家到夏威夷去。阿瓜接着问：那要他不还呢？阿龙咬牙：那就全家到小强家去！

☞阿瓜抱怨：我女友就跟手机一样。阿龙忙问：也那么小巧玲珑，那么新潮时髦，那么必不可少？阿瓜叹气：不，我没钱的时候，就不跟我说话。

☞阿虎问："你这一生中什么时候最快乐？"阿龙回答："我结婚那天。""那你什么时候最痛苦呢？""结婚后的每一天。"

☞阿美的花棚失火，她眼睁睁看着消防员抢救失败。一名消防员走出火场，试着安慰她：我们无法把那些植物移出来，不过我还是帮它们浇水了……

☞阿美向舍监提出抗议：为什么女生宿舍10点半关门，男生宿舍却11点才关门？舍监笑：因为男生要送你们回来，当然要晚半个小时。

☞阿美在一个化妆品柜台买口红，她犹豫不决地问男导购：这种口红接吻后会褪色吗？男导购微笑回答：不会，您不信的话咱们可以先试一试！

☞阿龙把新写的对联给阿瓜看，并让他提意见。阿瓜沉默片刻后说：这对联写得挺好——不仅名词对名词，动词对动词，还有错别字对错别字…

☞阿龙把自己写的长诗送到编辑部：请您帮我看看。我所有的痛苦都写在这首诗里了。读完诗，编辑批注：你诗里的痛苦现在都跑到我头脑里了。

☞阿龙逗自己3岁的侄子：你属什么呀？小侄子一本正经地回答：我属鸡蛋！阿龙一愣，忙问为何。小侄子天真回答：我妈属鸡，我肯定属鸡蛋！

☞阿龙去应聘工业间谍，人事官让他送一封信到档案室。阿龙走到楼梯口，见四下无人便私下拆开，只见里面写道：你被录用了，马上回来报到。

☞阿龙上手术台前紧张地问医生：一旦手术失败，你会因此而受罚吗？医生笑：会扣我一个月奖金。不过您不必担心，我昨天炒股刚赚了五千元！

☞阿龙收到阿瓜寄的礼物，拆开看到五张被刮开的彩票。阿龙读信，只见阿瓜写道：哥们生日快乐，我送你5张彩票！不过，真遗憾，你没中奖……

☞阿龙向阿瓜抱怨：你上次介绍给我当女朋友的那个姑娘，心肠实在很硬啊！阿瓜支招：心肠硬？你要以硬对硬——钻石绝对能打动她的心。

☞阿龙向朋友阿虎征求意见：你觉得阿强这人怎么样？阿虎不屑：那是个蠢货。阿龙担忧：啊？他打算娶我的女儿为妻！阿虎：你看，他多蠢啊！

☞阿龙要赶6点的火车，于是询问农场主可否让他穿过农场抄近路。农场主笑：可以。而且如果农场里的公牛发现你，你乘5点的火车都来得及。

☞爸爸检查小新的作文，看到有个很简单的字都写错了，就笑着对妈妈说：我发现你儿子真笨！小新在一旁急了，大声喊道：你的儿子才是笨蛋！

☞长假中，阿龙陪老婆买抽油烟机。老婆挑了半天仍然举棋不定，阿龙想了想说：就买老板牌的吧，我们上班要为老板干活，回家就用老板出气！

☞富翁遭遇车祸。警察赶到时富翁心痛哭诉：我的名车都被撞坏了！警察训斥：就知道钱，你看你左胳膊没了！富翁嚎哭：我的劳力士表也丢了！

☞刚毕业的阿龙找了个实习工作，辛苦一月后终于等到发工资，阿龙喜滋滋地奔向财务室，谁知会计头也不抬：你晚点再来领吧，我这儿没零钱。

☞工厂主对被开除的工人说：听说你要在我死后，到坟场上对我的坟墓吐口水？工人冷笑：放心吧，我已经改变了主意，我没有排队的耐心！

☞公园里，小明跑到坐在椅子上的老妇前：您的牙还行吗？老妇：唉，都掉光了。小明兴奋地拿出一包核桃：那请您替我拿一下，我去玩一会球……

☞记者激动地采访汽车大赛新晋冠军：你每次参加比赛都是倒数第一，这次一举夺冠，请问有什么秘诀？车手哆嗦着说：我，我，我的刹车坏了……

☞经理：昨天电视台播放了公司招聘仓库警卫的广告。阿龙：现在失业人多，广告效果不错吧？经理：有效！中午播出广告，晚上仓库就被盗了！

☞一对老夫妇去拍照，摄影师问："大爷，您是要侧光，逆光，还是全光？"，大爷腼腆地说："我是无所谓，能不能给你大妈留条裤衩？"

☞两母亲在一起讨论孩子教育问题，甲：我儿子还算省心，不写完作业绝不看电视。乙：我儿子很倔强，要不帮他写完作业，他就不让我看电视！

☞玛丽常去邻居家借生活用品，不耐其扰的邻居含蓄地劝她：一个家庭少不了日常用品，该买还得买。玛丽：你提醒得对，我正考虑向你借钱呢！

☞某教会组织将参与交通管理工作，上岗前警察问道：假如你在执行公务，你怎样驱散疯狂的人群？教士略想了一下答：这个……我向他们募款。

☞牧师：当你躺棺材里时，希望别人怎么评价你？阿瓜：我希望别人说我顾家。阿牛：我希望别人说我善良。阿龙：我希望别人说：瞧，他在动！

☞男子：警察先生，求您把我关进牢里吧！我刚喝醉酒，拿根棍子打蚊子，结果打在我老婆头上了。警察：你打死她了？男子：坏就坏在没有！

☞年终开总结大会，领导在上面念长篇大论，大家在下面抽烟。不一会会议室就烟雾腾腾，呛得领导生气地大喊：不像话，抽烟的都给我掐死！

☞螃蟹儿子放学回家对妈妈哭诉：我今天在学校被老师处罚了。螃蟹妈妈责备孩子：真不听话！老师怎么罚你？螃蟹儿子怒：他要我一直往前走！

☞乔病愈出院，医生向他祝贺：你能康复全靠上帝帮忙，太幸运了！乔高兴：你说我康复是上帝帮助的？谢天谢地，本来我还以为要付钱给你呢！

☞乔和约翰聊天，乔：我儿子是天才，他画蜻蜓，我捉了好几次才发现是画的。约翰：那算啥，我儿子画条蛇吓得我破门而出，谁知门也是画的！

☞乔失恋后万念俱灰，去图书馆询问：讲自杀的书在哪？管理员：第二排左侧。乔翻找半天没找到，管理员解释：以前借这些书的，都没还回来……

☞上帝送我个宝盆，想啥它就变啥。我不小心想了你一次，它就变出一个你；我止不住想，它就不住变，最后满屋都是你！我就愁呀：这么多小老鼠叫我咋喂呀！

☞士兵问连长：作战时踩到地雷咋办？连长大为恼火：靠，能咋办？踩坏了照价赔偿。

☞世界杯赛前，某电视机厂打出广告：本品牌电视机唯一好处就是便宜，结果热销。竞争对手不解，向球迷调查，球迷们答案一致：正好用来砸！

☞死刑犯被执行枪决，因枪械老化，第一枪没响，第二枪没响，第三枪还是没响……犯人抱着法警的大腿哭道：大哥，你掐死我吧，这也忒吓人了！

☞四人打麻将时突然停电，只好点起蜡烛。夏天夜晚太热，阿龙提议：咱开风扇吧。阿瓜摆手：不行！会把蜡烛吹灭的。到时只能摸黑玩啦！

☞探险家描述海难：船沉后我们乘救生船在海上漂泊，饿了啃鞋，最后只有我活了！旁人佩服：别人生存能力比您差？探险家：不，我鞋号最大……

☞汤姆警官去处理酒鬼闹事时，总挑最瘦小警察作伴。旁人不解，汤姆反问：你想，如果有两个警察抓你，其中一个比另一个瘦小，你先揍哪个？

☞销售明星向同事介绍成功经验，同事问：你能用一句话概括成功秘诀吗？销售明星笑：每个主妇开门后，我的第一句话是：姑娘，你妈在家吗？

☞小丽向阿美炫耀：你平时土里土气的，肯定没见过名牌！来看看我新买的包，这可是LV！阿美面无表情：我拼音学得不好，这个念“驴”吧？

☞小偷作案时被抓住，狡辩道：我只不过是被人利用的工具！警察：好，跟我回警局！小偷大喊冤枉：我没罪为啥抓我？警察：作案工具需没收！

☞新兵不慎把军用背包弄丢，中尉告知要从津贴中把背包钱扣除。新兵恍然大悟：现在我终于明白了，海军舰长为什么总宣誓说要与战舰共存亡！

☞新兵杰克站岗时吃冰淇淋被师长发现。师长大为光火：你知道我是谁么？我是师长！杰克将冰淇淋塞给师长：你拿一下，我腾出手向你敬礼。

☞一个推销员发现他刚售出的那块地皮被水淹了，遂问老板是否该把钱退还给顾客。老板大吼：退钱？亏你想得出来！赶快卖给他们家一艘汽艇！

☞一女奇丑，嫁不出去，希望被拐卖。终于梦想成真，却半月卖不出去。绑匪将其送回，她坚决不下车，绑匪咬牙一跺脚：走，车不要了。

☞医生："那位叫汤姆的病人要出院了，给他注射一针镇静剂。"护士不解："都可以出院了，还打针干嘛？"医生直冒汗珠："他要结账，我怕他受不了！"

☞医院抽血室闯入一大汉，喊道：有人吗？还抽吗？两位医生疾步奔出，一人训斥道：什么事要叫得这么大声？另一人超级精练地答：找抽的！

☞银行行长办公室里养着金鱼。客人赞叹：鱼真好看，不过它不会影响您工作吗？行长：绝对没。在我这里，张着嘴却不向我要钱的就只有它了……

☞营长：你怎么老迟到？新兵：报告，我总睡过头。长官怒：如果每个士兵都睡过头，世界该变成啥样？新兵：那就永远不会发生战争了，长官！

☞有两个人去打猎，突然看见只老虎，俩人撒腿就跑，跑到半截一个人说：哥们儿，我不行了，别跑了，咱跟老虎死磕吧！对曰：别傻蛋了，我跑不过老虎我还跑不过你?!